비건 자취요리 노트

저자_ 권채아

자취요리 미식가 권채아는 올해 대학을 졸업했습니다. 대학원 진학과 취업 사이에서 갈등 중인 평범한 20대이면서 트위터 팔로워 2만 6,000명 이상을 보유하고 있는 파워 트위터리안이기도 합니다. 이유인즉, 대학 시절 4년 내내 배달 음식 주문 한번 없이 자취요리를 매일 해낸 자칭 타칭 자취요리 미식가, 일명 자요미이기 때문이죠!

그의 요리가 더욱 많은 관심을 받는 이유는 바로 '비건식'이라는 것입니다! 자취생에게 비건식이라, 왠지 돈이 많이 들 것 같고 쉽게 해볼 수 없는 영역이라 생각할 수 있지만 자요미는 그 어려운 요리를 4평 남짓한 자취방, 한 뼘도 안 되는 부엌에서 해내며 50가지가 넘는 레시피를 트위터에 공유해왔습니다.

4년 넘게 홀로 자취하며 비건 요리를 만들어 먹은 그는 어린 시절부터 고질적으로 앓아온 소아당뇨를 극복했고 지금은 어느 때보다 몸도 마음도 한결 건강한 20대를 보내고 있습니다. 거의 모든 끼니를 인스턴트와 바깥 음식, 배달 음식 등으로 대신하고 제대로 못 챙겨 먹으며 불규칙한 식생활을 하는 20대 친구들에게 <비건자취요리 노트>를 통해 나를 건강하게, 나아가 지구를 건강하게 만드는 하루 한 끼 건강 레시피를 알려드리고자 합니다.

비건 자취요리 노트

1판 1쇄 2021년 4월 28일(3000부)

지은이 권채아
기획 및 편집 장은실
교열 조진숙
사진 GARA
디자인 Gongan42
인쇄 아레스트

펴낸이 장은실(편집장)
펴낸곳 맛있는 책방 Tasty Cookbook
　　　　서울시 마포구 서강로 30 동원스위트뷰 614호
　　　　🅘 tastycookbook
　　　　✉ esjarg@tastycb.kr

ISBN 979-11-969787-9-2
2021ⓒ맛있는책방 Printed in Korea

이 책은 저작권법에 따라 보호받는 저작물이므로 무단 전재와 무단 복제를 금하며,
이 책의 내용 전부 또는 일부를 이용하려면 반드시 저작권자와 맛있는 책방의 서면 동의를 받아야 합니다.
책값은 뒤표지에 있습니다.
잘못 인쇄된 책은 구입하신 곳에서 교환해드립니다.

건강 자취생활 프로젝트

비건 자취요리 노트

권채아 지음

맛있는 책방

프롤로그

자요미가 채식을 하는 이유

요리 이야기를 하기에 앞서, 제가 채식을 하는 이유에 대해 먼저 소개하겠습니다. 저는 어릴 때부터 먹는 것을 굉장히 좋아했어요. 다른 아이들과 마찬가지로 채소는 싫어하고 고기 반찬만을 좋아했는데 식탐이 많아 밥을 한꺼번에 세 그릇씩이나 뚝딱 해치웠지요. 달콤한 간식과 튀김을 즐겨 먹고 과자도 매일같이 먹었어요. 성장기 내내 그런 식습관을 유지했으니, 중학생 때 당뇨가 생겨버린 것은 피할 수 없는 일이었을 거예요. 다소 과체중이었음에도 스스로를 건강하다고 여기며 살았는데 10대 중반에 당뇨라니, 아무리 건강이 소중한 줄 모르던 철없는 나이라 해도 정말 식습관을 고쳐야겠다는 생각이 들어 좋아하던 간식을 끊고 식사량을 줄여 남들 먹는 만큼 먹기 시작했습니다. 먹는 양이 줄었으니 살이 좀 빠지기는 했지만 먹는 음식의 종류나 입맛이 변한 것은 아니어서 몸에 큰 변화가 있지는 않았어요.

채식에 관심을 갖기 시작한 것은 중학교 3학년 때였습니다. 아마 도덕 시간이었을 거예요. 인권과 동물권에 대한 이야기를 하다가 선생님께서

사육장에 갇힌 동물들의 모습을 보여주셨어요. 작은 병아리여야 할 나이에 비정상적으로 비대하게 키워진 닭, 서로 물어뜯을 수 있다는 이유로 마취도 없이 꼬리가 잘린 돼지, 앞뒤로 한 걸음도 못 움직이는 좁은 공간에서 평생을 보내는 소들을 보면서 '동물들이 조금이라도 덜 아플 수 있게 뭔가 해야겠다'라는 생각을 했던 것 같아요. 왜 동물들이 저렇게 끔찍한 일을 당해야 하는지, 어떻게 해야 동물들에게 더 나은 환경을 제공할 수 있을지 고민했고 제가 내린 결론은 채식이었습니다.

고기와 우유, 달걀을 모두 먹지 않겠다고 결심하고 밥상을 보니 먹을 수 있는 것이 별로 없었습니다. 아니 정확히 말하면 먹고 싶은 것이 하나도 없었습니다. 대부분의 메인 요리를 먹을 수 없으니 평소에는 쳐다보지도 않던 나물 반찬과 과일을 먹어야 했는데, 억지로 '풀떼기'들을 먹다 보니 신기하게도 시간이 흐를수록 입맛이 변하는 게 느껴졌어요. 고기를 먹지 않으면 혀의 즐거움을 포기하게 되는 것이라고 생각했는데, 불고기에 곁들이는 표고버섯이나 된장찌개에서 늘 건져내던 애호박과 양파, 꽁치조림 밑에 깔린 무, 피자에 올라간 것만 먹던 피망 등 항상 엑스트라 역할을 하던

7

채소들이 내는 다채로운 맛을 즐길 수 있게 되어 오히려 좋아하는 맛의 범위가 더 넓어졌어요. 게다가 고등학생 때에는 혈당 수치도 아주 좋아졌답니다! 동물을 생각해서 시작한 채식이 결과적으로는 건강에도 도움이 된 셈이지요.

자요미의 자취요리 이야기

라면 끓이기도 귀찮아 생라면을 부숴 먹던 사람, 저는 그런 사람이었습니다. 먹는 것은 좋아했지만 요리에는 흥미가 없던 제가 요리에 본격적으로 관심을 갖기 시작한 것은 서울에서 자취생활을 시작하면서부터였어요. 처음에는 해외 비건 레시피를 흉내내는 것부터 시작했습니다. 요즘은 인터넷 검색 한번이면 쉽고 간단한 레시피를 잔뜩 찾을 수 있지만 자취요리라는 이름으로 올라오는 레시피들은 대부분 달걀이나 햄 등을 메인으로 사용해 채식하는 저에게는 맞지 않았거든요. 영어로 쓰인, 듣도 보도 못한 낯선 식재료와 향신료를 잔뜩 사용한 복잡한 레시피는 요리라기보다는 연금술처럼 느껴졌어요.

    요리에 자신이 없던 시절이었지만 지금 생각해보면 이 시기에 다양한 레시피를 접한 덕분에 요리의 즐거움을 배울 수 있었던 것 같아요. 오래 걸려도, 맛이 없어도 내가 먹을 거니까 상관없다며 가벼운 마음으로 요리에 집중하고 있노라면 마음이 차분해지고 시간도 순식간에 지나갔어요. 물론 저도 설거지는 정말 귀찮아하는데 조금이라도 설거지 부담을 덜기 위해 요리하는 중간에 짬이 날 때마다 미리미리 해둬요. 이렇게 하면 기름 묻은 그릇이 섞일 일도 없고, 식사 후에 설거짓거리가 쌓이지 않으니 훨씬 덜 부담스러워요.

    뭐든지 처음이 어렵다고 어느 정도 경험이 쌓이니 요리하는 데에도 요령이 생기더라고요. 요리 시간도 단축되고, 레시피를 보지 않고도 음식을 만들고, 몇 가지 안 되는 식재료로 다양한 요리를 하는 데 익숙해졌어요. 그러자 요리는 부담스러운 과제가 아닌 즐거운 취미 생활이 되었지요. 간단한 음식이라도 내 손으로 내가 먹을 음식을 만든다는 것은 결코 적지 않은 성취감을 가져다주었답니다.

목차

프롤로그_6
비건 자취요리 노트를 읽는 법_12

자요미가 자주 사용하는 도구_14
자요미가 즐겨 쓰는 식재료_16
자요미가 즐겨 쓰는 비건 가공식품_18
자요미가 즐겨 쓰는 양념_20

Part 1
속이 든든한 비건 아침 한 끼

들깨두유떡국_24 / 감자포타주_26 / 콩비지찌개_28 /
바나나오트밀_30 / 오이토마토두부무침_32 / 콩나물뭇국_34 /
참치마요맛병아리콩_36 / 해초리소토_38

Part 2
후다닥 비건 점심 한 끼

감자수제비_42 / 들기름막국수_44 / 채소라면_46 /
버섯바게트샌드위치_48 / 두부유부초밥_50 /
병아리콩동그랑땡_52 / 언리미트볶음_54 / 가지덮밥_56 /
팽이버섯볶음_58 / 볶음우동_60

Part 3
친구들과 함께! 비건 브런치

템페카레_64 / 바나나팬케이크_66 / 당근라페_68 /
가지라구파스타_70 / 토르티야피자_72 / 두유크림파스타_74 /
통두부느타리튀김_76 / 콘마요토스트_78

Part 4
근사한 비건 한 끼

숙채만두_82 / 밀푀유나베_84 / 월남쌈_86 / 마라샹궈_88 /
양배추당면볶음_90 / 감자탕_92 / 채식떡볶이_94 /
감바스알아히요_96 / 버섯꿔바로우_98

Part 5
달콤한 비건 한 끼

곤약젤리_102 / 나이스크림_104 / 머그컵브라우니_106 /
레몬소르베_108 / 방울토마토마리네이드_110

에필로그 _ 112

비건 자취요리 노트를 읽는 법

콩나물뭇국

2인분   난이도 ☆

15분   도마, 칼, 냄비

요리에 필요한 기본 정보를 알려드려요.

저는 모든 국과찌개에 무를 조금씩 넣는 것을 좋아해요. 설탕을 넣지 않아도 **자연스럽게 달고 시원한 맛**을 내 국물 맛을 풍성하게 채워주거든요. 특히 콩나물국처럼 삼삼하고 재료가 단순한 맑은 국에 **무를 넣으면 두 배는 맛있어지는 것 같아요.**

자요미의 비건 생활이 담긴 재미있는 에세이예요.

> 요리에 필요한 재료를 알려드려요.

재료

주재료: 콩나물 1줌, 무 2cm두께 1조각, 대파 10cm, 물 2컵

양념: 다진 마늘 1/2큰술, 국간장 1/2큰술, 연두 1/2큰술

있으면 좋은 재료: 다시마 10 x 10cm 1조각

조리법

1 냄비에 물을 올려주세요.

★ 다시마를 넣으면 국물이 시원해요. 찬물 한 조각를 넣고 물이 끓기 시작하면 바로 국물에서 쓴맛이 나지 않아요!

> 순서대로 따라 하면 전혀 어렵지 않아요.

2 콩나물은 깨끗이 씻고 무는 채 썰고 대파는 송송 썰어 준비합니다.

3 물이 끓으면 무를 넣고 3분 정도 끓여주세요.

4 콩나물과 다진 마늘, 국간장, 연두를 넣고 끓여주세요.

칼칼한 맛을 내고 싶다면 이때 청양고추를 넣어주세요.

5 무가 충분히 익으면 송송 썬 대파를 넣고 1분 후 불을 끕니다.

자요미의 **요리노트**

콩나물국을 끓일 때는 냄비 뚜껑을 중간에 닫지 말고 계속 열어놓고 끓여야 비린내가 나지 않아요!

> 자요미가 평소에 꼼꼼하게 기록한 요리 정보입니다.

자요미가 자주 사용하는 도구

학교 근처의 자취방은 대부분 4평에서 8평 사이의 원룸이에요. 자취를 시작할 때 집에서 조리 도구를 챙겨 오지 않아 모든 것을 새로 사야 했어요. 처음에는 이것저것 신기해 보이는 도구나 전자제품을 구매해보았지만 손도 잘 가지 않고 공간도 부족해서 결국 필수적인 것만 남겨두고 정리하게 되더라고요. 요리할 때 많은 도구가 필요하지는 않아요. 저는 칼과 도마, 프라이팬과 작은 냄비, 조리용 나무 수저와 채반, 그리고 작은 오븐을 사용하고 있습니다. 여기에 전자레인지까지 갖추면 웬만한 요리는 모두 할 수 있어요.

칼
작은 칼보다는 큰 칼이 좋고, 가벼운 칼보다는 무거운 칼이 좋아요. 요리의 즐거움을 위해 적절한 칼을 준비해주세요!

도마

싱크대에 걸칠 수 있는 나무 도마입니다. 실리콘 도마도 많이 사용하지만 조리 공간이 넓지 않아 저는 나무 도마를 선택했어요. 다만 햇빛에 잘 말려 사용해야 곰팡이가 슬지 않아요.

냄비

1인분 요리라면 지름 20cm 크기도 충분해요. 저는 편수 냄비를 샀는데, 손잡이가 양쪽에 있으면 냄비를 들 때 더 편할 것 같아요.

프라이팬
프라이팬이 너무 작으면 요리할 때 많이 불편해요.
혼자 살더라도 지름 24cm 이상의 제품을 추천합니다.

볼

많은 양의 재료를 양념할 때나 쌀을 씻을 때, 반죽할 때, 체에 밭쳐
물기를 뺄 때 등 아주 요긴하게 쓰고 있어요. 플라스틱보다는
스테인리스 재질을 추천해요.

국자
냄비에 빠지지만 않을 정도면 작은 사이즈도 충분해요. 칼처럼 매일 쓰는
도구는 아닐지라도 국자는 꼭 필요합니다.

체
면 요리를 할 때나 데친 채소를 헹굴 때 필수품이에요. 저는
노브랜드에서 구매한 작은 체를 사용해요. 1인분
요리에 딱 좋아요.

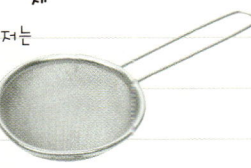

조리용 젓가락
쇠 젓가락이 아닌 길고 굵은 나무 젓가락이에요. 쇠 젓가락은 요리할 때
금방 뜨거워지고 팬에 상처를 내요. 반드시 긴 나무 젓가락을
준비하세요!

필러
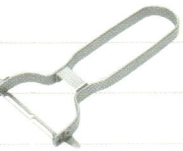

일명 감자칼! 이름 그대로 감자를 비롯해 오이, 무 등의 껍질을
깎을 때 필요해요. 채소는 과일보다 단단하고 커서 칼로 껍질을
깎기가 어려워 자취생에게도 필러는 필수품이에요!

자요미가 즐겨 쓰는 식재료

제 한 달 식비 예산은 평균 25만원 정도예요. 하루에 1만원이 안 되지만 값비싼 가공식품을 많이 사지 않고 제철 채소를 사서 먹으면 굳이 식비를 줄이려고 노력하지 않아도 충분해요. 식재료는 보통 일주일에 한 번씩 이마트몰에서 주문하고, 한두 가지 필요할 경우에는 가까운 마트나 편의점을 이용해요.

냉장고에는 무와 양배추, 대파, 양파, 마늘, 두부가 항상 준비되어 있어요. 무와 양배추는 저렴하면서도 잘 상하지 않아 애용하는 채소로 무는 주로 채수를 낼 때 사용하고, 양배추는 볶음 요리에 사용해요. 찬장에는 여러 종류의 면과 건조된 병아리콩이 있어요. 이외에도 한식과 양식 모두에서 자주 사용하고 여러 가지 조리법으로 다양하고 쉽게 요리할 수 있어서 버섯과 브로콜리, 방울토마토, 가지 역시 자주 구매하는 재료들이에요.

평소 구비해두는 재료가 몇 가지 있으면 어떤 요리를 하고 어떤 재료를 살지 정하는 게 훨씬 쉬워져요. 예를 들어 양배추를 넣어 잡채를 하겠다고 생각했다면 이미 당면과 양배추, 양파는 준비되어 있으니 느타리버섯과 당근 정도만 사면 되고, 크림 파스타를 만들고 싶으면 파스타 면과 양파, 마늘, 두유가 있으니 브로콜리와 양송이버섯만 사면 되는 식이에요. 저는 해초덮밥을 자주 만들어 먹기 때문에 모듬해초도 꼭 준비해둬요. 해초는 종류도 다양하고 판매 분량도 많은 편이라 만약 여러 종류의 해초를 직접 사서 다듬어 먹어야 한다면 번거로워 잘 먹지 않을 것 같아요. 하지만 모듬해초는 물에 잠깐 불리기만 하면 한 끼 식사에 딱 알맞은 분량의 여러 가지 해초를 먹을 수 있어서 요리할 시간이나 기력이 없을 때 정말 좋지요!

자요미가 즐겨 쓰는 비건 가공식품

요즘은 굉장히 다양한 비건 가공식품이 시중에 판매되고 있어요. 예전에 비하면 제품의 퀄리티도 많이 좋아져 대체육이나 가공식품을 즐기지 않는 저도 즐겨 쓰는 것이 있어요. 비건 가공식품을 몇 가지 소개합니다.

언리미트
한국식 요리에 최적화된 대체육이에요. 요리했을 때 향이 튀지 않고 양념과 잘 어우러져 다양한 요리에 사용하기에 무난해요. 대체육을 처음 접하는 분들에게 추천하는 제품입니다.

매일두유 99.89
이 책에서 사용한 두유는 모두 매일두유 99.89입니다. 맛이 가볍고 깔끔하면서 당이나 첨가물이 들어가지 않아 우유의 대체제로 사용해요. 다른 두유를 사용해도 되지만 의외로 두유 중 비건이 아닌 제품이 많으니 구매할 때 주의하세요!

바이오라이프 치즈
캐슈너트와 전분, 코코넛 오일 등으로 만들어요. 쭉쭉 늘어나지는 않지만 충분히 리치하고 쿰쿰한 맛을 잘 살렸어요.

베지푸드 비건 새우

새우처럼 생겼지만 곤약이에요. 튀김옷이 입혀진
버전도 있답니다! 탱글탱글한 식감에 맛살 같은
냄새가 나요.

파아프 템페

인도네시아의 발효 음식으로, 청국장 같은 꼬릿한
향에 식감은 의외로 부드러워요. 중독되면 계속
생각나는 맛이에요.

비건 라면

오뚜기의 채황 라면을 시작으로 비건 라면이 대중의
주목을 받기 시작했어요. 요즘은 라면뿐 아니라
비빔면, 짜장라면 등도 비건 제품이 나온답니다.

비건 만두

제가 가장 좋아하는 만두는 진선만두와
채담만두예요. 진선만두는 국을 끓일 때
한두 개 넣어 먹기 좋고, 채담만두는
바삭하게 구워 먹는 게 제일 맛있어요.

자요미가 즐겨 쓰는 양념

기본 양념과 향신료는 여러 가지 가지고 있는 것이 좋아요. 특히 양식 종류는 바질이나 오레가노 등의 허브를 약간만 넣어도 맛이 확살아나거든요. 좋은 재료를 사용하고 간도 딱 맞는데 어딘가 아쉬운 맛이 난다면 아마 답은 양념과 향신료에 있을 거예요.

연두
콩을 발효해 만든, 간장과 비슷한 비건 요리 에센스입니다. 간장보다 맛이 연하고 감칠맛이 나서 튀지 않고 재료 맛을 한층 끌어올리는 역할을 해요. 제가 굉장히 애용하는 양념입니다!

소이마요
여러 종류의 비건 마요네즈 중에서 기존의 마요네즈 맛에 가장 가까워요. 오프라인의 대형 마트에서 쉽게 찾을 수 있어요. 두부를 이용해 직접 비건 마요네즈를 만드는 것도 어렵지 않습니다!

김치 시즈닝
핫소스 대용으로 활용하기 좋은 매콤하고 짭짤한 시즈닝이에요. 어디에 뿌려도 어울리지만 특히 고소하고 기름진 음식에 잘 어울려요.

뉴트리셔널 이스트

치즈처럼 쿰쿰하고 짭짤한 냄새가 나는 가루예요. 크림 파스타나 수프처럼 치즈가 들어가는 요리에 넣습니다. 아직 국내에 잘 알려지지 않아 인터넷을 통해서만 구할 수 있지만, 한번 사두면 두고두고 유용하게 쓰이니 꼭 구매하는 것을 추천합니다.

설탕

설탕 중에는 정제 과정에서 탄화골분을 사용하는 논비건 설탕이 있어요. 백설 설탕과 큐원 설탕은 비건 제품입니다.

카레 분말

'모두의 카레파우더'는 전분과 밀가루가 들어 있는 카레 분말이 아닌, 다양한 향신료를 섞어 만든 카레 파우더예요. 요리 아이디어가 떠오르지 않는 날, 채소 몇 가지에 두부를 볶아 카레 파우더를 뿌려주기만 해도 그럴듯한 한 접시 요리가 완성되어요.

허브

허브가 생소한 분들에게는 바질과 오레가노, 파슬리를 추천해요. 이 세 가지는 어떤 음식에 넣어도 무난하게 잘 어울리거든요. 건조 허브는 대형 마트나 외국 식재료를 파는 마트에서 쉽게 찾을 수 있어요.

홀그레인 머스터드

자취생들이 보통 가지고 있는 재료는 아니지만 감자샐러드나 샌드위치 등에 넣으면 맛과 향, 식감이 훨씬 좋아져요. 대형 마트나 식자재 마트, 인터넷 등에서 구할 수 있어요.

계량 단위

이 책에서는 우리가 식사할 때 사용하는 보통의 밥숟가락으로 계량했어요. 1큰술은 1숟가락, 1작은술은 1/3숟가락이라고 생각하세요!

1컵은 200ml로, 종이컵(195ml)으로 한 잔 가득 담은 분량과 거의 같습니다.

Part 1
속이 든든한
비건 아침 한 끼

아침은 잘 챙겨 드시나요? 피곤한 아침에는 한숨이라도 더 자기 위해서 아침을 거르는 분들이 많아요. 하지만 간단하게라도 아침 식사를 하고 나가면 오전을 더 힘차게 보낼 수 있고, 점심과 저녁을 밖에서 사 먹는 일이 잦은 분들에게는 부족한 채소 섭취량을 보충할 기회이기도 합니다. 아침 식사를 준비할 시간이 없는 분들을 위해, 전날 미리 만들어두거나 바쁜 아침에 후다닥 만들 수 있는, 든든하면서도 가벼운 메뉴로 첫 파트를 구성해보았어요.

들깨두유떡국

2인분	난이도 ★★
20분	칼, 도마, 냄비

제가 어릴 때 설날에 할머니 댁에 가면 할머니가 맛있는 떡국을 끓여주셨어요. 국물이 맑고 떡이 탱탱한 엄마표 떡국도 좋아했지만 설날에만 맛볼 수 있는, 국물이 **걸쭉하고 진한 할머니표 떡국**을 정말 좋아해 앉은자리에서 두세 그릇을 뚝딱 해치웠어요. 진한 사골 육수를 쓴 할머니의 떡국 맛을 어떻게 하면 재현할 수 있을까 **고민하다 찾은 해답은 바로 두유**였습니다.

떡국에 두유라니, 얼핏 이상한 조합처럼 느껴지지만 들깨가루를 한 숟 넣은 들깨두유떡국은 국물이 진하고 구수해 제 추억의 맛을 훌륭하게 재현해주었답니다.

재료

- **주재료**: 떡국떡 1컵, 표고버섯 2개, 양파 1/4개, 대파 5cm, 김 약간
- **국물**: 무가당 두유(매일두유 99.98 추천) 1컵, 물 2컵
- **양념**: 연두 1큰술, 국간장 1큰술, 들깨가루 1큰술, 참기름 1/2큰술

조리법

1 냄비에 두유와 물, 연두, 국간장을 넣고 중불에서 끓입니다.

2 국물이 끓을 동안 버섯과 양파, 대파를 먹기 좋게 썰어주세요.
★★
★ 표고버섯은 느타리버섯, 새송이버섯 등으로 대체가능해요.

3 국물이 끓으면 떡과 준비한 채소를 넣어주세요.

냉동된 떡은 물에 10분 정도 담가 사용하세요.

4 들깨가루와 참기름을 넣고 중불에서 5분 정도 더 끓여주세요.
★★
★ 두유의 단백질 성분이 냄비 바닥에 눌어붙지 않도록 계속 저어가며 끓여주세요.

5 떡국을 그릇에 담고 부순 김을 올려 마무리하세요.

감자포타주

2인분 난이도 ★★★
30분 칼, 도마, 냄비, 믹서 혹은 핸드블렌더

감자포타주라는 이름을 처음 접한 계기는 **'로드 오브 히어로즈'**라는 모바일 게임이었습니다. 제가 좋아한 캐릭터가 '감자포타주가 맛있다'라고 해 호기심이 생겨 어떤 음식인지 찾아보았답니다. 대부분의 감자포타주 레시피에는 버터와 크림이 들어가지만 저는 **유제품을 넣지 않은 버전**으로 바꿔보았어요. 미리 한 솥 만들어 소분해두었다가 후다닥 데워 먹기에도 좋고, 빵과 함께 내놓으면 그럴싸한 상차림이 되지요!

재료

주재료: 감자 2개, 양파 1/2개, 대파 10cm

국물: 물 2컵, 두유 2컵

양념: 올리브유 3큰술, 연두 1큰술, 소금 약간, 후춧가루 약간, 파슬리 가루 약간

있으면 좋은 재료: 뉴트리셔널 이스트 3큰술

뉴트리셔널 이스트는 오프라인에서는 구하기 어렵지만 인터넷 쇼핑으로 쉽게 구할 수 있어요. 한번 사두면 수프나 파스타를 만들 때 치즈 대용으로 정말 유용하답니다.

조리법

1 감자와 양파는 채 썰고, 대파는 어슷하게 썰어주세요.

2 냄비에 올리브유를 두르고 약한 불에서 먼저 양파와 대파를 넣고 2분간 볶다 감자를 넣고 2분간 더 볶아주세요.

3 볶은 재료에 물을 붓고 감자가 푹 익을 때까지 중불에서 5분간 끓인 후 불을 끄고 한 김 식힙니다.

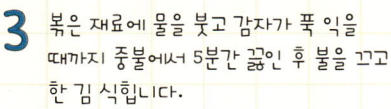

4 핸드블렌더나 믹서를 사용해 곱게 갈아주세요.

5 두유와 뉴트리셔널 이스트를 넣고 걸쭉해질 때까지 끓인 후 연두와 소금, 후춧가루로 간을 합니다.

6 그릇에 담고 파슬리 가루를 뿌리면 완성입니다.

콩비지찌개

2인분 난이도 ★★
30분 칼, 도마, 냄비, 국자

자취를 하다 보면 찌개 종류는 잘 만들어 먹지 않게 됩니다. 볶음 요리보다 딱히 더 어려운 것도 아닌데 한번 끓이고 나면 자투리 채소가 너무 많이 남아 찌개 끓일 생각이 선뜻 들지 않더라고요. 하지만 **뜨끈~한 찌개가 절실할 때**도 있습니다. 저는 시험이 끝나는 마지막 날에는 스케줄을 비워놓고 시험이 끝나자마자 장을 보러 갑니다. 당장 침대로 돌아가 자고 싶을 만큼 피곤하지만 제 몸과 마음은 제가 챙겨야 하니까요. 건더기가 푸짐하게 들어간 찌개에 막 지은 밥 한 공기로 뱃속을 데우고, 후식으로 비싸서 자주 못 먹는 과일까지 먹고는 찜질방으로 달려가 기절한 듯이 잡니다. 그렇게 푹 자고 나면 몸과 마음의 피로가 날아가 개운하고 산뜻한 기분이에요. **우리의 몸과 마음을 채워줄**, 재료는 간단하면서도 영양은 풍부한 콩비지찌개를 만들어 봅시다!

재료

주재료: 콩비지 1팩(400g), 김치 1컵, 양파 1/4개, 대파 10cm, 청양고추 1개, 물 1컵

양념: 들기름 2큰술, 다진 마늘 1큰술, 국간장 1큰술, 연두 1큰술, 고춧가루 1/2큰술

조리법

1 김치와 양파는 먹기 좋게 자르고, 대파와 청양고추는 송송 썰어주세요.

2 달군 냄비에 들기름을 두르고 다진 마늘을 볶아주세요.

3 김치와 양파를 넣고 볶은 다음 물을 부어 중불에서 끓입니다.

4 한소끔 끓어오르면 콩비지를 넣고 국간장과 연두로 간을 합니다.

5 대파와 청양고추를 넣고 고춧가루를 넣은 뒤 한번 더 끓여 마무리합니다.

★★
★ 매운맛이 싫은 분들은 청양고추나 고춧가루를 빼고 만드세요.

바나나오트밀

2인분 난이도 ★★

10분 칼, 도마, 냄비, 포크

저는 오트밀을 2017년 유럽 여행 중에 처음 먹어보았습니다. 호스텔에서 조식을 먹으러 갔는데, 테이블 맞은편에 앉은 백발의 아주머니가 인스턴트 오트밀에 바나나를 넣어 먹고 계셨어요. 호기심에 저도 먹어봤지요. **달달한 시나몬 향**에 귀리의 거친 식감과 **바나나의 부드러운 맛**이 나름대로 조화로워 그 뒤로도 보일 때마다 하나씩 챙기곤 했어요. 오트밀이 한국 사람들에게 '종이 상자 맛'이라며 푸대접을 받는 모습을 보면 안타까운 마음이 들어요. 오트밀은 취향에 따라 레시피를 자유롭게 바꿀 수 있고 조리 시간이 짧아 제가 애용하는 음식 중 하나예요. 이 책에서는 달콤한 오트밀의 정석이자 기본인 바나나 오트밀 만드는 방법을 소개합니다.

재료

주재료 : 잘 익은 바나나 1개

오트밀 : 오트밀 1컵, 두유 1컵, 물 1/2컵, 시나몬 파우더 약간, 소금 약간

토핑 : 딸기, 블루베리 등 적당량

★★
★ 시나몬 파우더의 유무에 따라 맛은 하늘과 땅 차이가 납니다.
오트밀의 매력을 제대로 느끼기 위해서는 꼭 시나몬 파우더를 넣어주세요.

조리법

1 바나나는 토핑용으로 절반을 어슷하게 썰고, 딸기와 블루베리는 적당히 썰어 준비해주세요.
기호에 따라 다양한 과일과 견과류를 더 넣어도 좋아요.

2 남은 바나나는 포크로 으깨주세요.

3 냄비에 으깬 바나나와 오트밀 재료를 넣고 중불에서 끓입니다.
★★
★ 바닥에 눌어붙지 않게 잘 저어주세요.

4 죽 같은 질감이 되면 불을 끄고 그릇에 담아 **토핑**을 올려주세요.

자요미의 **요리노트** ✏️

오트밀을 끓이지 않고 잘 섞어 냉장고에서 하룻밤 재워 만드는 '오버나이트 오트밀'도 시도해 보세요! 끓여 만든 오트밀과는 또 다른 매력이 있답니다.

오이토마토 두부무침

1인분 / 난이도 ☆
20분
도마, 칼, 믹서, 볼

제가 초등학교에 다닐 때 저희 집 마당에는 텃밭이 있었어요. 키우는 작물은 그때그때 달랐지만 키우기 쉽고 아이들이 따 먹기에도 좋은 방울토마토와 오이는 늘 있었습니다. 덕분에 여름이 오면 집에는 항상 방울토마토와 오이가 넘쳐났지요. 이웃집에 잔뜩 나눠주고도 남아 이걸로 뭘 만들 수 있을까 고민하다 생각한 것이 바로 오이토마토두부무침이었어요. 저는 어릴 때도, 지금도 오이를 별로 좋아하지 않지만 **고소한 참깨**와 함께 **새콤달콤하게 버무린 오이**라면 매일 먹을 수 있어요. 텃밭의 추억이 담긴 이 요리에 두부를 더해 간단하고 든든한 반찬으로 만들어보았어요.

재료

주재료 : 오이 1개, 토마토 2개, 두부 1/2모, 소금 약간

참깨 소스 : 참깨 3큰술, 설탕 1/2큰술, 진간장 1큰술,
연두 1작은술, 식초 1큰술, 참기름 1작은술

조리법

1 참깨는 믹서에 갈고 나머지 소스 재료와 함께 잘 섞어 참깨 소스를 만듭니다.

참깨 가는 것이 번거롭다면 깨소금을 활용하세요.

2 오이와 토마토는 숟가락으로 속을 긁어내 준비합니다.

방울토마토보다는 일반 토마토를 추천해요.

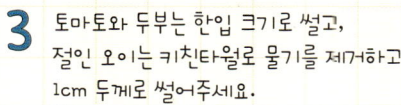

3 토마토와 두부는 한입 크기로 썰고, 절인 오이는 키친타월로 물기를 제거하고 1cm 두께로 썰어주세요.

★★ 두부는 물기가 적고 단단한 부침용 두부를 추천해요.

4 오이는 소금을 살짝 뿌려 10분간 절여주세요.

5 준비한 참깨 소스와 잘 버무려 완성합니다.

자요미의 **요리노트**

시간이 지날수록 재료에서 물이 나와 그때그때 만들어 먹는 것이 좋아요. 갓 지은 현미밥과도 잘 어울리고, **가벼운 술안주**로 먹기에도 좋습니다!

콩나물뭇국

2인분	난이도 ☆
15분	도마, 칼, 냄비

저는 모든 국과 찌개에 무를 조금씩 넣는 것을 좋아해요. 설탕을 넣지 않아도 **자연스럽게 달고 시원한 맛**을 내 국물 맛을 풍성하게 채워주거든요. 특히 콩나물국처럼 삼삼하고 재료가 단순한 맑은 국에 **무를 넣으면 두 배는 맛있어지는 것 같아요.**

주재료 : 콩나물 1줌, 무 2cm두께 1조각, 대파 10cm, 물 3컵

양념 : 다진 마늘 1/2큰술, 국간장 1/2큰술, 연두 1큰술

있으면 좋은 재료 : 다시마 10 x 10cm 1조각

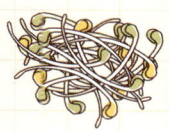

1 냄비에 물을 올려주세요.
☆★ 다시마를 넣으면 국물이 시원해요. 찬물에 다시마 한 조각을 넣고 물이 끓기 시작하면 바로 건져내야 국물에서 쓴맛이 나지 않아요!

2 콩나물은 깨끗이 씻고 무는 채 썰고 대파는 송송 썰어 준비합니다.

3 물이 끓으면 채 썬 무를 넣고 3분 정도 끓여주세요.

4 콩나물과 다진 마늘, 국간장, 연두를 넣고 끓여주세요.

칼칼한 맛을 내고 싶다면 ☆★ 이때 청양고추를 넣어주세요.

5 무가 충분히 익으면 송송 썬 대파를 넣고 1분 후 불을 끕니다.

자요미의 **요리노트** ✏️

콩나물국을 끓일 때는 냄비 뚜껑을 중간에 닫지 말고
☆★ 계속 열어놓고 끓여야 비린내가 나지 않아요!

참치마요맛 병아리콩

- 1인분
- 난이도 ★
- 15분
- 도마, 칼, 볼

참치마요만큼 대중적인 음식이 또 있을까요? 거창한 음식은 아니지만 편의점치고 참치마요 김밥 없는 곳이 없고, 토스트 가게치고 참치마요 토스트 없는 곳이 없지요. 참치 통조림이 자취생들의 필수품이라고 하니 한국 식문화에서 참치가 상당히 큰 지분을 차지하는 것은 분명해요. 그런데 이 참치마요를 참치 없이도 만들 수 있다니 정말 기쁜 소식이 아닌가요?

재료

주재료: 불린 병아리콩 1 1/2컵(건조된 병아리콩 3/4컵), 양파 1/8개, 조미김 4장

양념: 소이마요 1큰술, 홀그레인 머스터드 1작은술, 진간장 1/2큰술

병아리콩은 통 조림으로 대체하면 훨씬 쉽게 만들 수 있어요.

조리법

1 병아리콩은 8시간 정도 불린 뒤 20분간 삶아주세요.

☆★ 집에 전기밥솥이 있다면 병아리콩의 세 배 분량의 물을 넣고 5시간 정도 보온 모드로 불려 삶으세요.

2 잘 익은 병아리콩은 포크로 덩어리지게 으깨주세요.

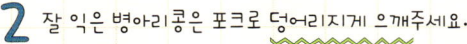

3 양파는 찬물에 5분 정도 담가 매운 향을 빼고 잘게 다져주세요.

4 볼에 병아리콩과 양파, 양념 재료, 부순 김을 넣고 잘 섞어주세요.

김이 바다의 향긋한 감칠맛을 살리는 핵심 재료입니다. 꼭꼭 넣어주세요!

자요미의 **요리노트** ✏️

잘 만든 참치마요맛 병아리콩은 ☆ 김밥이나 주먹밥, 샌드위치 속 재료 등으로 다양하게 활용 가능합니다!

해초리소토

1인분
10분
난이도 ⭐
도마, 칼, 프라이팬

여러분은 해초를 몇 가지나 알고 계시나요? 저는 꽤 최근까지도 해초 하면 김과 미역, 다시마밖에는 몰랐어요. 그만큼 해초는 저에게 생소한 식재료였습니다. 저를 해초의 세계로 끌어들인 음식이 바로 **해초비빔밥**이었어요. 소포장된 알록달록한 해초를 불려 매콤새콤한 양념과 함께 밥에 얹어 먹으면 없던 입맛도 돌아와 여름에 자주 먹었어요. 하지만 매번 같은 방법으로 먹으면 질리기도 하지요. 그래서 표고버섯을 더해 **고소하고 부드러운 리소토**로 만들어보았어요.
표고버섯과 해초의 감칠맛이 정말 잘 어울리니 믿고
먹어보세요!

재료

주재료: 모듬해초 1봉, 표고버섯 2개, 현미즉석밥 1개, 물 1컵

양념: 들기름 1큰술, 연두 2큰술

모듬해초는 일곱 가지 이상의 해초를 건조해 만든 제품이에요.

조리법

1 모듬해초는 물에 2분간 불린 뒤 물기를 꼭 짜서 먹기 좋게 잘라주세요.

2 표고버섯은 가늘게 채 썰어주세요.

☆★ 버섯은 새송이, 양송이 버섯 등으로 대신 해도 좋아요.

3 팬에 들기름을 두르고 약한 불에서 표고버섯과 모듬해초를 볶아주세요.

4 물과 현미즉석밥을 넣어 끓여주세요.

☆★ 끓여 먹는 메뉴라 즉석밥을 전자레인지에 돌릴 필요가 없어요. 즉석밥 대신 일반 밥을 사용해도 좋아요.

5 연두로 간을 해 완성합니다.

Part 2

후다닥
비건 점심 한 끼

저는 보통 점심 식사를 간단하게 하는 편이에요. 학교에 다닐 때에는 한 시간 반 정도의 공강 시간에 얼른 밥을 먹고 다시 강의실로 돌아가야 했기 때문에 시간이 오래 걸리는 음식은 할 수 없었거든요. 게다가 친구들과의 식사 약속은 보통 저녁에 잡기 때문에, 점심보다는 저녁을 푸짐하게 먹는 것이 익숙해요. 바쁜 하루를 보내는 분들을 위해 두 번째 파트는 조리 시간이 짧은 메뉴들로 준비했어요.

감자수제비

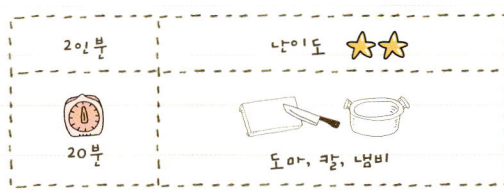

2인분

20분

난이도 ★★

도마, 칼, 냄비

저희 가족은 부모님과 저, 남동생 네 사람의 입맛이 각각 다르고 취향이 매우 확고합니다. 그래서 다 같이 식사를 하게 되면 메뉴를 결정하는 것이 늘 어려웠어요. 매운 음식을 싫어하는 엄마, 국물 요리를 좋아하는 아빠, 기름진 것을 싫어하는 동생과 고기를 먹지 않는 저까지 만족시킬 수 있는 메뉴는 많지 않았답니다. 감자수제비가 그 몇 안 되는 메뉴 중 하나였는데, 그래서 주말에는 수제비를 자주 만들어 먹었어요.

재료

주재료: 시판 수제비 1컵, 감자 1/2개, 물 5컵

부재료: 양파 1/4개, 표고버섯 2개, 애호박 1/6개, 대파 5cm

양념: 다진 마늘 1 작은술, 연두 1큰술,
국간장 1/2큰술, 후춧가루 약간

조리법

1. 감자와 양파는 한입 크기로 깍둑썰기를 하고, 대파는 송송 썰어주세요.

2. 표고버섯은 두툼하게 채 썰고, 애호박은 반달 모양으로 썰어요.

3. 냄비에 물을 붓고 감자를 먼저 넣어 끓입니다.

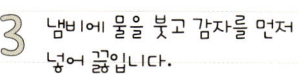

4. 물이 끓고 3분 후 대파를 제외한 나머지 채소와 수제비를 넣어 끓여주세요.

5. 감자와 수제비가 익으면 불을 끄기 직전에 다진 마늘과 연두, 국간장으로 간을 합니다.

6. 대파를 넣고 후춧가루를 뿌려 마무리합니다.

들기름막국수

1인분	난이도 ★★
15분	가위, 냄비, 체, 볼

한국인은 밥이 없으면 못 사는 민족이지만 밥을 하는 것은 때로는 견딜 수 없을 만큼 귀찮은 일입니다. 밥하는 30분도, 파스타를 삶는 10분도 너무 길게 느껴지는 날, 저는 후다닥 끓인 면 요리를 자주 먹어요. 가장 만만한 것은 역시 소면으로 만든 비빔국수지만 밀가루 면만 연달아 먹기에는 부담스럽기도 하고 조금 질리는 것도 사실입니다. 그래서 저는 메밀 면을 항상 준비해둬요. 메밀 면은 소면에 비해 덜 부담스러운데다 꼭 메밀 면이어야 만들 수 있는 음식들이 있거든요. 들기름막국수에 깻잎을 올리면 향긋하고 개운하게 먹을 수 있어요!

재료

주재료 : 메밀 면 100g, 깻잎 4장, 조미김 2장

양념 : 들기름 2큰술, 연두 1/2큰술, 들깨가루 1큰술

조리법

1. 깻잎과 조미김은 가위로 잘게 잘라주세요.

2. 메밀 면은 끓는 물에 3분간 삶고 찬물로 헹군 뒤 체에 건져 물기를 뺍니다.

3. 볼에 메밀 면을 담고 들기름과 연두, 들깨가루, 자른 조미김을 넣어 양념이 잘 어우러지도록 버무려주세요.

4. 깻잎을 올려 마무리합니다!

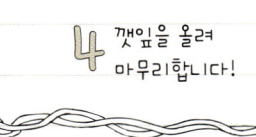

채소라면

1인분	난이도 ☆
10분	칼, 도마, 냄비

자취생은 크게 두 부류로 나눌 수 있습니다. 인스턴트 라면을 즐겨 먹는 부류와 거의 먹지 않는 부류. 저는 후자였습니다. 그동안 채식라면은 구하기도 어려웠고 맛이 어딘가 부족한 느낌이었거든요. 그런데 최근 대기업들이 비건 식품 산업에 관심을 갖기 시작하면서 채식라면의 퀄리티와 접근성이 많이 좋아졌어요. 그래서 이왕 끓이는 라면, 건더기 스프에 만족하지 말고 아예 제대로 된 한 그릇 요리를 만들자는 마음으로 채소라면을 끓여보았습니다.

재료

주재료: 채식라면(다른 라면으로 대체 가능) 1봉지, 대파 10cm, 청경채 1포기, 양파 1/8개, 물 2 1/2컵

양념: 식용유 1큰술, 다진 마늘 1/2큰술, 연두 청양초 1큰술, 후춧가루 약간

조리법

1. 대파는 흰 부분을 잘게 다지고 초록 부분은 어슷하게 썰어주세요.

2. 청경채는 뿌리 쪽을 잘라낸 뒤 2등분하고, 양파는 먹기 좋게 썰어주세요.

3. 냄비에 식용유를 두르고 대파 흰 부분과 다진 마늘을 볶아주세요.

4. 물을 붓고 라면 스프와 건더기를 먼저 넣어 끓입니다.

5. 물이 끓으면 면과 청경채, 양파, 연두 청양초를 함께 넣고 중불에서 끓여주세요.

6. 4분 뒤 라면이 익으면 대파 초록 부분과 후춧가루를 뿌려 마무리합니다.

버섯바게트 샌드위치

1인분	난이도 ★★
20분	도마, 칼, 프라이팬

주로 찌개나 탕에 들어가는 느타리버섯을 샌드위치 속 재료로 넣으면 정말 맛있다는 사실을 알고 계시나요? **발사믹 식초에 새콤달콤하게 졸인 버섯**은 그냥 먹어도 좋고 샐러드 토핑으로도 잘 어울리지요. 특히 속이 촉촉한 바게트나 치아바타 빵과 정말 잘 어울린답니다.

재료

주재료 : 바게트 15cm, 느타리버섯 1줌, 양파 1/4대

양념 : 올리브유 1큰술, 소이마요 1큰술, 홀그레인 머스터드 1큰술

소스 : 발사믹 식초 3큰술, 설탕 1/2큰술, 소금 약간, 후춧가루 약간

있으면 좋은 재료 : 뉴트리셔널 이스트 약간

조리법

1. 소스 재료는 미리 섞어주세요.

2. 느타리버섯은 손으로 찢고, 양파는 굵게 채 썰어요.

3. 팬에 올리브유를 두르고 약한 불에서 양파를 볶아주세요.

4. 양파가 노릇해지면 느타리버섯과 소스 재료를 모두 넣어 물기가 사라질 때까지 볶아주세요.

5. 바게트 한쪽에는 소이마요를, 다른 한쪽에는 홀그레인 머스터드를 발라주세요.

6. 버섯양파볶음을 채워 완성합니다.

자요미의 요리노트

바게트에 버섯을 채우기 전, 바게트 안쪽에 뉴트리셔널 이스트를 소량 뿌려주면 치즈 향이 풍겨요.

두부유부초밥

2인분

20분

난이도 ★★

칼, 도마, 볼

초등학생 때 소풍 가는 날 제 도시락은 항상 유부초밥이었습니다. 도시락 메뉴로는 예나 지금이나 김밥이 가장 인기 있지만 단 음식을 엄청나게 좋아하는 저는 항상 유부초밥을 싸달라고 했어요. 초등학교를 졸업한 뒤로는 유부초밥을 먹을 일이 거의 없었는데, 어느 날부턴가 유부초밥에 **밥 대신 두부를 넣은 두부유부초밥**이 다이어트 메뉴로 인기를 얻기 시작했어요. 원래는 밥을 넣지 않는 게 원칙이지만 저는 역시 밥알이 조금은 씹히는 게 부드러운 두부만 넣은 것보다 좋더라고요!

재료

주재료 : 냉동유부 10장, 두부 1모(300g), 파프리카 1/4개, 오이 1/4개, 밥 100g(3큰술)

양념 재료 : 물 1컵, 간장 3큰술, 연두 1큰술, 설탕 4큰술, 맛술 1큰술

유부조림

1. 유부를 대각선으로 잘라 준비합니다.

2. 양념 재료를 냄비에 넣고 설탕이 모두 녹을 때까지 저어가며 끓여주세요.

3. 유부를 냄비에 넣고 양념이 거의 다 졸아들 때까지 중불에서 끓입니다.

유부초밥

1. 두부를 손으로 가볍게 짜서 물기를 제거하고 으깨 주세요.

2. 파프리카와 오이는 다져서 준비합니다.

3. 볼에 밥, 으깬 두부, 파프리카, 오이를 모두 섞어 속을 만들어 주세요.

4. 유부조림에 속을 채워 완성합니다.

★★ 유부조림은 물기를 한번 꼭 짜서 사용하세요.

★★ 유부초밥 속을 만들 때 알록달록한 파프리카와 오이를 다져 넣으면 보기에도 예쁘고 향과 식감도 더 좋아집니다!

병아리콩 동그랑땡

2인분 | 난이도 ★★★
30분 | 칼, 도마, 믹서, 프라이팬, 볼

　　　병아리콩은 SNS에서 제가 자주 언급하는 식재료 중 하나예요. 저는 제가 병아리콩을 자주 먹는다는 생각을 못했는데, 제 레시피들을 살펴보니 병아리콩이 정말 자주 등장하더라고요. 그만큼 병아리콩의 쓰임이 다양하다는 것이겠지요! 제가 좋아하는 병아리콩동그랑땡은 도시락 반찬으로 챙기기도 좋고, 한번에 잔뜩 만들어 냉동실에 쟁여두면 바쁜 하루를 책임지는 간편 메뉴가 되기도 한답니다!

재료

주재료: 불린 병아리콩 1컵(건조된 병아리콩 1/2컵), 두부 1/6모, 팽이버섯 1/2봉지, 대파 7cm

양념: 연두 1큰술, 밀가루 1큰술, 소금 약간, 후춧가루 약간, 식용유 2큰술

조리법

1. 불린 병아리콩은 20분간 삶아주세요.
   ★★ 병아리콩은 8시간 이상 물에 불려주셔야 해요!

2. 믹서나 블렌더를 활용해 병아리콩을 갈아주세요.

3. 두부는 손으로 물기를 꽉 짜고 으깨주세요.

4. 팽이버섯은 1cm 길이로 썰고, 대파는 잘게 다져주세요.

5. 준비한 재료를 모두 볼에 담고 연두, 밀가루, 소금, 후춧가루를 넣어 함께 잘 섞습니다.

6. 반죽을 동그랑땡 모양으로 빚어주세요.

7. 식용유를 넉넉히 두른 팬에 앞뒤로 노릇하게 구워주세요.

자요미의 **요리노트**

남은 동그랑땡은 밀폐 용기에 종이 포일(또는 유산지)과 동그랑땡을 번갈아 켜켜이 올려 냉동실에 보관하면 서로 달라붙지 않아요. 먹기 전에 꺼내 살짝 녹인 다음 달군 팬에 부쳐 드세요!!

언리미트볶음

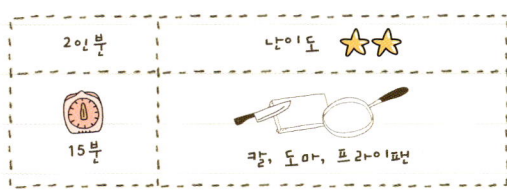

2인분   난이도 ★★

15분   칼, 도마, 프라이팬

제가 처음 채식을 시작했을 때 대체육이라 하면 오직 콩고기였고, 당시의 콩고기는 스펀지 같은 요상한 식감을 가진 음식이었어요. 채식 인구가 급증하면서 대체육 상품이 계속 개발되었지만 대체육 없이 몇 년을 잘 살아온 저는 비교적 최근에야 대체육을 접하게 되었습니다. 그중 언리미트는 제가 맛본 **대체육 중 가장 활용성이 높고** 콩 단백질 특유의 냄새가 나지 않아 정말 추천하는 제품이에요. 대체육을 사용하면 고기가 들어가는 레시피를 그대로 따라 할 수 있다는 것이 큰 장점입니다. 언리미트는 질감 특성상 볶거나 구웠을 때 식감이 좋아 저는 제육볶음처럼 매콤한 양념에 볶아 먹는 것을 좋아합니다.

재료

주재료: 언리미트 200g, 양파 1/2개, 대파 10cm

양념장: 고춧가루 2큰술, 다진 마늘 1/2큰술, 진간장 1큰술,
연두 청양초 1/2큰술, 설탕 1큰술

양념: 식용유 2큰술, 통깨 약간

언리미트는 식물성 대체육이에요.

조리법

1 양념장 재료는 모두 섞어주세요.

2 언리미트는 먹기 좋게 썰고, 양파는 두툼하게 채 썰고, 대파는 송송 썰어주세요.

★★ 양파는 가늘게 썰어 푹 익히는 것보다 두툼하게 썰어주는 것이 식감이 훨씬 좋아요.

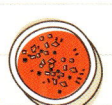

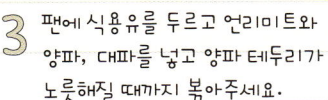

3 팬에 식용유를 두르고 언리미트와 양파, 대파를 넣고 양파 테두리가 노릇해질 때까지 볶아주세요.

★★ 언리미트는 이미 익힌 제품이어서 육류와 달리 먼저 볶을 필요가 없습니다.

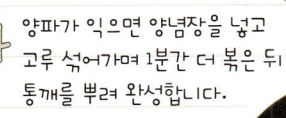

4 양파가 익으면 양념장을 넣고 고루 섞어가며 1분간 더 볶은 뒤 통깨를 뿌려 완성합니다.

가지덮밥

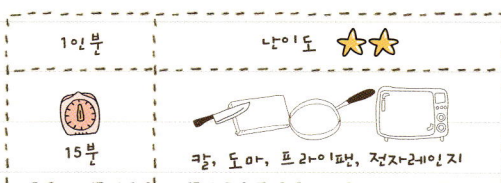

1인분 | 난이도 ★★
15분 | 칼, 도마, 프라이팬, 전자레인지

가지를 좋아하지 않는 사람들은 냉장고에서 꺼낸 가지나물의 차가움과 물컹한 식감, 거뭇한 색에 거부감을 느껴 가지를 싫어하는 경우가 대부분이에요. 하지만 저는 가지를 싫어하던 친구들이 중식당에서 바삭하게 튀긴 부드럽고 촉촉한 가지튀김을 맛보고는 '가지가 이런 채소인 줄 몰랐다'며 가지에게 마음을 빼앗기는 것을 여러 번 보았습니다. 촉촉하고 향긋한 가지는 제가 정말 좋아하는 채소 중 하나예요. 물론 바삭한 튀김도 좋지만 좀 더 다양한 방법으로 가지를 즐길 수 있다면 더욱 즐겁지 않겠어요? 갓 양념해 익힌 가지를 밥 위에 얹어낸 가지덮밥을 먹어보면 부드러운 가지 요리도 바삭한 튀김만큼이나 매력적이라는 걸 알게 될 거예요.

재료

주재료: 가지 1개, 양파 1/4개, 대파 5cm, 밥 1공기

양념장: 간장 3큰술, 설탕 1큰술, 다진 마늘 1큰술, 물 3큰술

양념: 식용유 1큰술, 후춧가루 약간

조리법

1. 양념장 재료는 미리 섞어두세요.

2. 가지는 세로로 2등분한 뒤 벌집 모양으로 칼집을 넣습니다.
   ★★ 칼집을 내면 약한 불에서도 가지가 속까지 잘 익어요.

3. 양파는 굵게 채 썰고, 대파는 어슷하게 썰어요.

4. 가지를 전자레인지에 2분간 돌려 미리 익혀주세요.

5. 달군 팬에 식용유를 두르고 양파와 대파를 먼저 볶아주세요.

6. 가지를 넣고 살짝 구워지면 양념장 재료를 모두 넣고 양념이 졸아들 때까지 끓여주세요.

7. 그릇에 밥을 담고 양파와 가지를 올린 뒤 팬에 남은 양념장을 끼얹고 후춧가루를 뿌려 완성합니다.

팽이버섯볶음

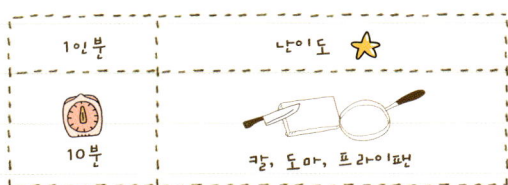

- 1인분
- 10분
- 난이도 ⭐
- 칼, 도마, 프라이팬

월세를 제외하고 생활비에서 가장 큰 지분을 차지하는 것은 항상 식비입니다. 그래서 지출이 많은 시기에는 식비를 가장 먼저 줄이는 것 같아요. 그럴 때 주로 사는 식재료가 몇 가지 있는데, 그중에서도 팽이버섯은 저렴한 가격에 **다양한 방법으로 빠르게 요리할 수 있어** 애용하는 식재료예요.

팽이버섯은 부침개를 만들어도, 국에 넣어도 맛있지만 이번에 소개하는 레시피는 매콤달콤한 양념에 볶은 '팽이버섯볶음'이에요. 밥반찬으로도 좋지만 저는 부담 없는 간식으로 자주 먹어요.

재료

주재료 : 팽이버섯 1봉지, 통깨 약간

양념장 : 고추장 1큰술, 간장 1큰술, 설탕 1큰술, 다진 마늘 1/2큰술

조리법

1. 양념장 재료를 모두 섞어주세요.

2. 팽이버섯은 밑동을 잘라내고 원하는 크기보다 조금 크게 찢어 준비합니다.

3. 준비한 양념장을 팬에 넣고 약한 불에서 1분간 끓여주세요.

4. 찢어둔 팽이버섯을 넣고 양념장과 섞듯이 가볍게 볶아주세요.

5. 통깨를 뿌려 완성합니다.

볶음우동

1인분	난이도 ☆
15분	칼, 도마, 팬, 냄비, 체

중고등학생때 급식에 볶음우동이 나오는 날이면 저는 급식을 포기하고 매점에서 빵을 사먹었습니다. 퉁퉁 불어버린 면발에 숨이 너무 죽어 시무룩해진 채소, 짜고 시큼한 양념. 저에게 볶음우동이란 딱 그 정도였어요. 그런데 어느 날 넷플릭스에서 일본 드라마 <심야식당>을 보게되었는데 그 동안 제가 알고 있던 것과는 너무 나 다르게 생긴 볶음우동이 나왔어요. 호기심에 직접 재료를 사서 만들어 보았는데 면이 탱글탱글하고 짭조름한 것이 꽤 맛있어 놀랐어요.

60

재료

- **주재료**: 우동 면 1인분, 양배추 3장, 양파 1/4개, 대파 5cm
- **부재료**: 느타리버섯 1줌, 청양고추 1개
- **양념장**: 설탕 1큰술, 고춧가루 1큰술, 다진 마늘 1/2큰술, 간장 1큰술, 연두 1/2큰술
- **양념**: 식용유 2큰술, 통깨 약간, 후춧가루 약간

조리법

1. 양념장 재료는 모두 섞어두세요.

2. 우동 면은 끓는 물에 2분간 삶아 체에 건져 물기를 뺍니다.

3. 양배추는 큼직하게 썰고, 양파는 채 썰고, 대파는 어슷하게 썹니다.

4. 느타리버섯은 손으로 먹기 좋게 찢고, 청양고추는 송송 썰어주세요.

5. 달군 팬에 식용유를 두르고 대파와 양파를 약한 불에서 1분간 볶습니다.

6. 양배추와 느타리버섯을 중불에서 함께 볶다 숨이 죽으면 양념장을 넣어주세요.

7. 우동 면을 넣고 강불에서 1분간 볶은 뒤 청양고추와 후춧가루, 통깨를 뿌려 완성합니다.

Part 3

친구들과 함께! 비건 브런치

느지막이 일어난 주말 아침에는 왠지 평소에는 잘 먹지 않는 빵이나 파스타로 기분을 내고 싶어요. 만드는 시간은 조금 더 들지만 평소보다 오전 시간이 넉넉하니 급하게 요리하지 않아도 되고, 예쁜 접시에 담아 찍은 사진을 친구들에게 자랑하는 재미도 있지요. 주말의 여유를 만끽하고 싶은 분들을 위해 세 번째 파트는 브런치로 먹기 좋은 메뉴를 준비했어요. 가까운 곳에 사는 친구가 있다면 함께 느긋한 주말 오전을 보내도 좋지 않을까요?

템페카레

2인분	난이도 ★★
20분	도마, 칼, 냄비

템페는 한국의 청국장과 비슷한 인도네시아의 발효 식품입니다. 해외에서는 이미 인기가 많은 고단백 식재료이기도 해요. 한국에서는 템페요리를 선보이는 식당도 많지 않고 대부분 레시피도 인도네시아식 그대로 가져와 한국인들에게는 여전히 낯설고 호불호가 많이 갈리는 편이에요. 저도 템페를 사 놓고 쉽게 손이 가지 않아 묵혀두고만 있었어요. 그런데 카레 파우더를 넣고 휘리릭 볶아 먹으니 특유의 향도 다른 향신료에 묻혀 부담스럽지 않고, 맛이 친숙해 술술 넘어가더라고요!

재료

주재료 : 템페 1/2개, 가지 1개, 토마토 1개, 브로콜리 1/2개, 새송이버섯 1개, 물 2컵

양념 : 올리브유 2큰술, 카레 파우더 2큰술, 연두 2큰술

카레 파우더는 요즘 동물성 식재료가 들어가지 않은 향신료 조합의 제품도 많이 나와 있어요!

조리법

1. 가지와 토마토, 브로콜리, 새송이버섯은 먹기 좋은 크기로 큼직하게 썰어주세요.

2. 템페는 한 입 크기로 잘라주세요.

3. 올리브유를 1큰술 두른 냄비에 템페를 넣고 노릇하게 구워주세요.

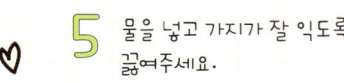

4. 올리브유를 1큰술 더 두른 뒤 토마토와 가지를 넣고 볶아주세요.

5. 물을 넣고 가지가 잘 익도록 끓여주세요.

6. 카레 파우더와 연두를 넣고 재료가 잘 어우러지게 끓여주세요.

7. 브로콜리와 새송이버섯을 넣고 부드럽게 익으면 구운 템페를 넣어 마무리합니다.

65

바나나
팬케이크

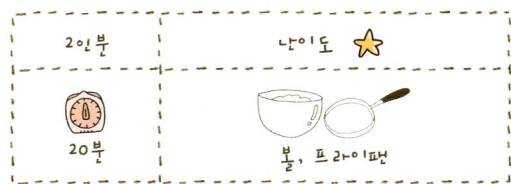

2인분	난이도 ★
20분	볼, 프라이팬

다들 어릴 때 그림책을 보면서 군침을 흘렸던 음식이 있지요? 저는 빵과 과자 그림은 다 좋아했는데 그중에서도 팬케이크가 정말 궁금했어요. 주인공이 높게 쌓은 **팬케이크 탑에 시럽을 잔뜩 부어** 포크로 크게 썰어 먹는 그림을 보며 촉촉하고 부드러운 맛을 상상하곤 했지요. 결국 엄마를 졸라 만들어 먹은 팬케이크는 알고 보니 여러 장을 겹쳐 쌓는 것보다 옆으로 늘어놓고 시럽을 뿌리는 편이 훨씬 맛있더라고요. 겹쳐놓고 시럽을 부으면 안쪽이 덜 맛있다는 사실을 알고 있지만 기분을 내기 위해 지금도 항상 팬케이크를 높게 높게 쌓아올린답니다.

재료

주재료 : 검은 점이 생긴 잘 익은 바나나 1/2개, 두유 1/2컵,
식용유 1큰술

가루 재료 : 밀가루 1컵, 설탕 1큰술, 소금 약간,
베이킹파우더 1작은술, 시나몬 파우더 1/2작은술

양념 : 식용유 1큰술, 메이플 시럽 약간

조리법

1. 바나나는 포크로 곱게 으깨주세요.

2. 볼에 가루 재료를 모두 넣고 잘 섞어주세요.

3. 바나나와 두유, 식용유를 넣고 고루 섞이게 반죽하세요.

4. 완성된 반죽은 10분 정도 냉장실에서 휴지시킵니다.

5. 달군 팬에 식용유를 살짝 두르고 반죽을 떠서 구워줍니다.

6. 반죽에 기포가 올라오기 시작하면 뒤집어 구워줍니다.

7. 구운 팬케이크는 여러 장을 겹친 뒤 바나나와 메이플 시럽을 뿌려 완성합니다.

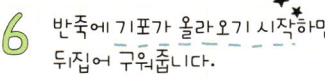

당근라페

2인분	난이도 ★★
20분	칼, 도마, 볼

당근이 들어간 요리는 **알록달록**해 예쁩니다. 하지만 저에게 당근이란 있어도 그만, 없어도 그만인 부재료라 잘 사지 않게 돼요. 한번에 쓰는 양이 많지 않아 계속 냉장고 한 편을 차지하고 있으니 마음의 짐이 되기도 하고요. 자취를 시작하고 얼마 되지 않았을 때, 손이 가지 않아 일주일째 자리만 차지하던 당근 한 봉지를 사용하기 위해 당근 레시피를 찾다가 친구의 추천으로 도전하게 되었던 것이 바로 당근라페였어요. 저는 생당근 냄새를 정말 싫어하는데 당근라페는 비린 냄새도 나지 않고 **꼬도독한 식감**과 머스터드와의 조화가 좋아 계속 집어먹게 되더라고요.

재료

주재료 : 당근 1개, 소금 1작은술

소스 : 홀그레인 머스터드 1큰술, 올리브유 1/2큰술, 레몬즙 약간, 소금 약간

조리법

1. 당근은 가늘게 채 썰고 소금을 뿌려 15분간 절입니다.
   ★ 채칼을 사용하면 편리해요.

2. 소스 재료를 오일이 분리되지 않게 잘 섞어주세요.

3. 절인 당근은 물기를 꼭 짜고 준비된 소스를 부어 골고루 섞어주세요.

4. 냉장고에서 3시간 이상 숙성시켜 완성합니다.

Good morning!

자요미의 **요리노트**

당근라페는 그냥 먹어도 맛있지만 샌드위치 속 재료로 넣으면 정말 맛이 좋아요.

가지라구 파스타

2인분	난이도 ★★
40분	칼, 도마, 냄비, 프라이팬

가지가 토마토소스와 잘 어울린다는 사실을 아시나요?

라자냐를 비롯해 라타투이, 라구 파스타 모두 가지가 잘 어울리는 음식들이에요. 토마토를 사용한 요리는 간만 잘 맞추면 맛이 보장되어 요리 경험이 적은 분들이 도전하기에도 좋아요. 가지라구 소스는 한번에 많이 만들어 병에 담아 냉장고에 보관해두면 시판 소스처럼 언제든지 간편하게 사용할 수 있어요.

재료

주재료 : 스파게티 면 100g, 가지 1개, 표고버섯 2개, 양파 1/2개, 마늘 10쪽

토마토소스 : 올리브유 2큰술, 시판 토마토소스 1병, 홀토마토 통조림 1개, 월계수 잎 2장, 바질 약간, 오레가노 약간, 설탕 1작은술, 소금 약간, 후춧가루 약간

홀토마토 통조림이 없다면
잘 익은 완숙 토마토 1개를 사용해도 좋아요.

조리법

1. 가지는 깍둑썰기하고 표고버섯과 양파, 마늘은 다져 준비합니다.

2. 냄비에 올리브유를 두르고 다진 마늘과 다진 양파를 약한 불에서 볶아주세요.

3. 가지와 표고버섯을 넣어 볶아주세요.

4. 토마토소스와 홀토마토 통조림, 월계수 잎을 넣고 끓여주세요.

5. 소금과 설탕으로 간을 맞추고 후춧가루와 바질, 오레가노를 넣어주세요.

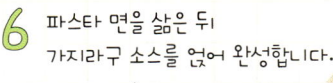

6. 파스타 면을 삶은 뒤 가지라구 소스를 얹어 완성합니다.

☆★
★ 김치 시즈닝을 뿌려
매콤하게 즐겨보세요.

토르티야 피자

2인분	난이도 ★★
20분	칼, 도마, 프라이팬

저의 부모님 집은 도심에서 다소 떨어져 논과 밭을 지나 산이 시작되는 곳에 자리하고 있습니다. 배달 음식을 시켜 먹으려 해도 거리가 너무 멀어 4인 가족이 먹을 양은 대부분 배달해주지 않아요. 부모님 집에서 가족과 함께 살 때는 엄마가 집에있는 오븐으로 간단히 피자를 만들어 주곤 하셨어요. 저는 비건 모차렐라 치즈를 사용했는데 고소하면서 담백하고 가벼운 맛이 얇은 토르티야도 우와 잘어울려요!

재료

주재료: 토르티야 2장, 토마토소스 2큰술, 피망 1/4개, 양파 1/8개, 방울토마토 2개, 블랙 올리브 4개, 비건 모차렐라 치즈(바이오라이프) 20g

조리법

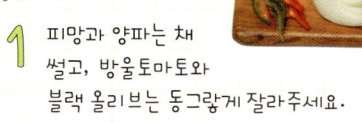

1 피망과 양파는 채 썰고, 방울토마토와 블랙 올리브는 동그랗게 잘라주세요.

2 도우에 토마토소스를 고루 바르고 준비한 토핑을 올려주세요.

토핑은 많이 얹는 것보다 간단히, 조금만 올려야 토르티야 도우와 잘 어울려요.

★★ 토핑과 치즈는 도우 가장자리 1cm 정도는 남기고 올려주세요.

3 비건 모차렐라 치즈를 올리고 약한 불에서 은박지를 덮어 치즈가 녹을 때까지 익혀주세요.

미니 오븐을 사용할 경우 200°C로 예열한 뒤 10~15분 정도 구워주세요.

자요미의 **요리노트**

바이오라이프 비건 모차렐라 치즈는 전분과 코코넛 오일로 만들어 일반 치즈처럼 길게 늘어나거나 부드럽게 녹아 퍼지지는 않아요. 구운 인절미처럼 말랑해지는 느낌에 가깝습니다. 피자를 치즈로 완전히 덮고 싶다면 얇게 썬 치즈로 피자를 완전히 덮어 구워주세요.

두유크림 파스타

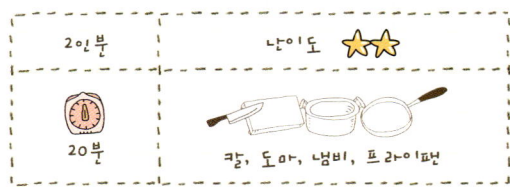

2인분   난이도 ★★

20분   칼, 도마, 냄비, 프라이팬

대학에 오기 전, 저에게 파스타는 단 두 종류가 있었습니다. 토마토 미트소스 스파게티와 크림소스 스파게티. 저는 시큼한 케첩 맛을 별로 좋아하지 않아 파스타를 먹을 때면 항상 크림스파게티를 선택했어요. 식당에서 파스타라 하면 토마토소스가 기본이지만 소스를 사지 않고 집에서 만들어 먹을 때는 오히려 크림스파게티가 더 쉽답니다.

재료

주재료 : 파스타 면 100g, 양파 1/4개, 마늘 5쪽,
양송이버섯 3개, 브로콜리 1/4개,
매일두유 99.98 1컵

양념 : 올리브유 2큰술, 소금 1작은술, 후춧가루 약간

있으면 좋은 재료 : 뉴트리셔널 이스트

조리법

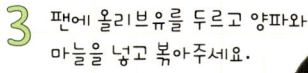

1. 파스타 면은 끓는 물에 7~8분 정도 삶아주세요.

2. 파스타를 삶는 동안 양파는 채 썰고 마늘은 편으로 썰고 양송이버섯과 브로콜리는 먹기 좋게 자릅니다.

3. 팬에 올리브유를 두르고 양파와 마늘을 넣고 볶아주세요.

4. 양송이버섯과 브로콜리를 넣어 볶습니다.

5. 면을 팬으로 옮긴 뒤 두유와 약간의 면수, 소금을 넣고 2분 정도 끓여주세요.

★★ 뉴트리셔널 이스트를 사용한다면
이때 2~3큰술 넣어주세요.

6. 후춧가루를 뿌려 완성합니다.

동두부 느타리 튀김

2인분 | 난이도 ★★★
30분 | 칼, 도마, 냄비, 볼, 체

튀김을 싫어하는 사람이 있을까요? 비가 오는 날이나 매콤한 떡볶이를 먹을 때는 기름지고 바삭한 튀김이 생각납니다. 저는 튀김을 정말 좋아해 자취를 하면서도 여러 가지 튀김을 만들어 먹었는데, 그중에서 제가 가장 좋아하는 튀김은 느타리버섯튀김과 동두부튀김이에요. 일반 두부는 수분이 많고 튀김으로 만들어도 식감이 부드럽지만 두부를 한번 얼렸다 녹이면 수분이 빠져 속은 쫄깃하고 겉은 바삭한 너겟을 만들 수 있어요.

재료

- **주재료**: 두부 1모, 느타리버섯 1줌, 튀김용 식용유 적당량
- **튀김옷**: 튀김가루 1컵, 빵가루 1컵(또는 믹서에 간 식빵 2개 분량), 물 1/2컵, 소금 약간
- **양념**: 소금 약간, 후춧가루 약간

동두부 만들기

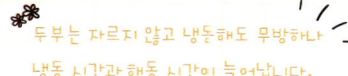

1. 두부는 원하는 크기로 잘라 서로 닿지 않게 8시간 냉동합니다.
2. 냉동된 두부를 해동해 물기를 제거해주세요.
3. 동두부에 소금과 후춧가루를 약간 뿌려 준비합니다.

✿ 두부는 자르지 않고 냉동해도 무방하나 냉동 시간과 해동 시간이 늘어납니다.

튀김 만들기

1. 볼에 튀김가루와 물, 소금을 넣고 잘 섞어 반죽을 만들어주세요.

2. 느타리버섯은 두세 가닥으로 짚은 뒤 반죽에 묻혀 예열한 팬에 식용유를 두르고 튀깁니다.

3. 동두부는 반죽을 묻힌 뒤 빵가루에 굴려 튀겨주세요.

★ 팬에 식용유를 넉넉히 두르고 튀겨주세요.

자요미의 **요리노트**

김치 시즈닝을 뿌린 소이마요에 찍어 드시면 맛있어요.

콘마요토스트

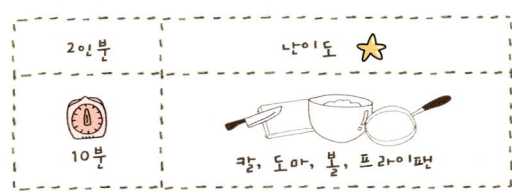

2인분	난이도 ⭐
10분	칼, 도마, 볼, 프라이팬

제 식습관과 생활습관은 아빠에게 물려받은 것이 많습니다. 제가 야식을 좋아하고 새벽까지 잠을 자지 않는 것도 아빠를 닮은 거예요. 엄마와 동생이 곤히 잠든 새벽 2~3시에 거실에서 인기척이 들리면 저는 반갑게 쫓아 나갔습니다. **아빠가 만든 간식을 한입 얻어 먹는 재미**가 참 별미였거든요. 아빠는 마요네즈를 발라 구운 토스트를 자주 만드셨는데, 저는 양파와 옥수수를 얹어 업그레이드해보았습니다.

재료

주재료 : 식빵 1장, 캔 옥수수 2큰술, 다진 양파 1큰술

양념 : 소이마요 2큰술, 설탕 1/2큰술,
소금 약간, 후춧가루 약간

조리법

1 식빵을 제외한 모든 재료를 잘 섞어주세요.

다진 양파의 매운맛이 싫은 분들은 찬물에 담가 매운맛을 빼고 물기를 꽉 짜주세요.

2 식빵에 마요네즈를 바르고 고루 섞은 재료를 얹어주세요.

3 달군 팬에 토스트를 얹고 은박지를 덮어 따뜻해질 때까지 약한 불에서 구워주세요.

미니 오븐 이용 시 170°C로 예열한 오븐에서 5분간 구워 완성합니다.

Part 4

근사한
비건 한 끼

자취의 로망은 역시 밤늦게까지 즐기는 파티 아니겠어요? 그런데 친구들을 집으로 초대하고 나니 어떤 음식을 해야 하는지 고민이 됩니다. 평소 먹는 음식을 그대로 차리자니 집들이 분위기가 나지 않고, 친구들이 내 음식을 먹고 비건 음식은 맛이 없다고 생각하게 되면 어떡하나 걱정스러운 마음도 들지요. 네 번째 파트는 식탁에 둘러앉아 다 같이 나눠 먹기 좋은 메뉴들, 만들기 쉽고 보기에 좋으면서도 내 개성을 마음껏 드러낼 수 있는 메뉴들로 구성했어요. 친구들과 재료 눈치 게임도 해보세요. 아주 즐거운 추억이 될 거예요.

숭채만두

2인분 / 난이도 ★★★ / 40분 / 칼, 도마, 냄비, 프라이팬

만두 좋아하시나요? 저는 만두라면 종류와 조리법을 가리지 않고 모두 즐겨 먹습니다. 찐빵같이 크고 푹신한 왕만두도, 한입에 쏙 들어오는 물만두, 납작한 튀김만두도 다 좋아해요. 하지만 만두는 먹다 보면 두세 접시도 술술 들어가는 데다가 은근히 기름지고 밀가루가 많아 식단 관리를 하고 있을 때는 피해야 하는 음식이에요. 그래도 만두를 포기할 수 없을 때는 **만두피 대신 삶은 배추**로 속을 감싼 숭채만두를 만들어보면 어떨까요?

재료

주재료 : 배춧잎(중간 크기 잎) 10~13장, 두부 1/2모, 애호박 1/4개, 당근 1/4개, 부추 30줄기, 표고버섯 2개

양념 : 연두 1큰술, 참기름 1큰술, 소금 약간, 후춧가루 약간

조리법

1. 두부는 손으로 짜 물기를 뺀 뒤 으깹니다.

2. 애호박과 당근, 부추, 표고버섯은 다져 준비합니다.
   완성된 만두를 고정하는 데 쓸 부추 10~13줄기는 다지지 말고 미리 빼두세요.

3. 다진 채소는 모두 팬에 넣고 연두와 참기름, 소금, 후춧가루로 간을 맞추며 살짝 볶아주세요.

4. 배춧잎은 두꺼운 밑동을 잘라내고 끓는 소금물에 데친 뒤 찬물에 식혀 물기를 짜주세요.
   배춧잎은 끓는 물에 넣고 1분 이내로 살짝 데쳐주세요.

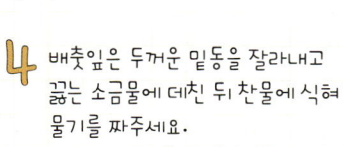

5. 미리 빼둔 부추도 살짝 데쳐주세요.

6. 데친 배춧잎에 만두소를 올리고 원하는 모양으로 말아주세요.
   월남쌈이나 복주머니 모양을 추천합니다.

7. 데친 부추로 돌돌 말아 고정합니다.

밀푀유나베

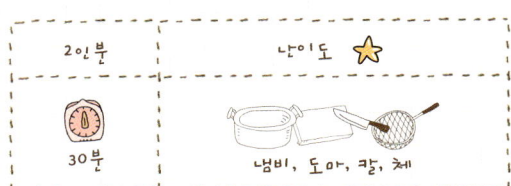

2인분 / 난이도 ☆
30분 / 냄비, 도마, 칼, 체

작년 이맘때쯤 비건 친구들과 모여 함께 만들어 먹은 근사한 전골 요리를 소개합니다. 여러 명이 각자 재료를 이것저것 사 와 아주 푸짐한 한 끼가 되었어요. 그때의 기억을 되살려 밀푀유나베로 재탄생시켜보았습니다. **비가 오거나 날이 쌀쌀할 때 특히 생각나는 음식**이에요.

재료

- **주재료**: 배춧잎 10장, 청경채 3포기, 두부피 10장, 깻잎 20장, 표고버섯 1개
- **채수**: 물 6컵, 무 1토막(200g), 다시마 10x10cm 1장, 양파 1/2개, 연두 3큰술
- **소스**: 간장 2큰술, 레몬즙 1큰술, 물 1큰술

조리법

1. 물에 채수 재료를 모두 넣고 10분 정도 끓여 채수를 만듭니다. 국물이 우러나면 체에 걸러 맑은 채수만 준비해주세요.

2. 배춧잎과 청경채, 두부피, 깻잎을 순서대로 쌓아 5cm 정도의 폭으로 썰어 겹겹이 냄비 안에 쌓아주세요.

3. 버섯을 냄비 가운데에 올리고 채수를 부어주세요.
   냄비에 채수를 가득 채우면 끓여 넘칠 수 있으니 냄비의 2/3 정도만 부어주세요.

4. 소스 재료를 섞어 곁들인 뒤 맛있게 찍어 먹습니다.

자요미의 **요리노트**

남은 국물에는 2차로 칼국수, 3차로 볶음밥까지 만들어 먹을 수 있어요!

월남쌈

2인분	난이도 ⭐
30분	프라이팬, 칼, 도마

월남쌈은 제가 채식을 한 뒤로 식사 준비를 담당하던 엄마가 마땅한 메뉴를 찾지 못해 고민하다 자주 만들어 주시던 음식입니다. **준비 시간이 짧고 속도 편해** 나중에는 오히려 엄마 아빠가 더 좋아하셨어요. 취향에 맞게 재료를 골라 넣고 **돌돌 말아 먹는 재미도 있고 보기에도 예뻐** 손님상에 올리기에도 손색없는 메뉴랍니다.

재료

주재료: 라이스 페이퍼 10장, 양파 1/4개, 오이 1/2개, 당근 1/3개, 노랑, 빨강 파프리카 1/3개씩, 깻잎 5장, 파인애플 약간, 숙주 1줌

부재료: 두부 1/2모

식용유, 땅콩 소스, 칠리 소스

조리법

1 채소는 모두 세로로 가늘게 채 썰어 준비합니다. 양파는 찬물에 5분 정도 담가 매운 향을 빼주세요.
  ★ 재료를 모두 비슷한 길이로 썰어야 쌈을 싸기에 편해요.
  ★ 파인애플은 먹기 좋게 썰어요.

2 두부는 김밥 단무지 정도의 두께로 잘라 달군 팬에 식용유를 살짝 두르고 구워주세요.
  ★ 5분 이상 구워야 겉이 바삭해요!

3 라이스 페이퍼는 물에 담갔다 꺼내 접시에 깔고 원하는 재료를 올려주세요.
  ★ 라이스 페이퍼를 불리는 물은 차가워도 괜찮아요.

4 쌈을 예쁘게 말아 완성합니다.
  ❋ 소스는 칠리 소스나 땅콩 소스 등 자유롭게 선택합니다.

마라샹궈

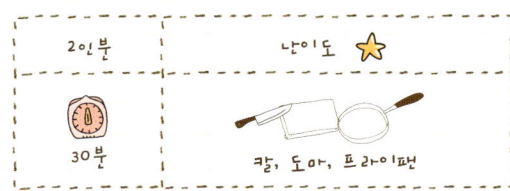

2인분	난이도 ⭐
30분	칼, 도마, 프라이팬

저는 대학교 새내기였던 2016년에 처음으로 마라탕과 마라샹궈를 먹어보았어요. 당시에는 아직 마라 열풍이 불기 전이었기 때문에 친구들에게 자랑하며 "마라탕? 그게 뭐야? 맛있어?", "마라샹궈? 난 마라탕밖에 안 먹어봤는데, 무슨 맛이야?" 등의 반응을 즐기곤 했습니다. 요즘은 골목마다 마라탕 집이 보일 정도로 마라가 대중적인 음식이 되어 마라 소스도 마트에서 쉽게 구할 수 있습니다. 마라샹궈를 밖에서만 먹어봤다면, 이번엔 **무게 걱정 없이 재료도 듬뿍 넣고** 홈메이드 마라샹궈를 만들어보는 것은 어떨까요?

재료

주재료: 두부피 3장, 콴펀(납작한 중국 당면) 3줄, 떡국떡 1줌, 감자 1/2개, 대파 10cm, 배추 3장, 청경채 2포기, 팽이버섯 1줌

양념: 식용유 2큰술, 다진 마늘 1큰술, 마라 소스 1봉지(200g)

*저는 비건 마라 소스인 추군기 소스를 활용했습니다.
*각자 좋아하는 재료를 선택해 마음껏 넣어주세요.

조리법

1. 두부피는 먹기 좋게 자르고, 당면과 떡국떡은 따뜻한 물에 30분 이상 불려주세요.

 ← 콴펀

2. 감자는 동그란 모양을 살려 얇게 썰고, 대파와 배추, 청경채, 팽이버섯은 먹기 좋게 썰어주세요.

3. 팬에 식용유를 두르고 약한 불에서 대파와 다진 마늘을 볶아주세요.

4. 팬에 감자를 넣고 2분간 볶다가 배추와 청경채를 넣습니다.

5. 다시 2분 뒤 팽이버섯과 두부피를 넣어요.

6. 당면과 떡을 넣고 소스를 부어 골고루 섞어가며 3분간 볶아 완성합니다.

자요미의 **요리노트**

콩나물이나 숙주를 넣는다면 소스를 붓고 잠시 볶다가 불에서 내리기 직전에 팬에 넣고 가볍게 섞어 볶아주세요.

양배추 당면볶음

2인분

20분

난이도 ⭐

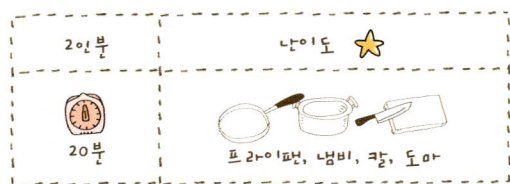

프라이팬, 냄비, 칼, 도마

양배추는 오래 보관해도 상할 걱정이 없어 항상 구비해두는 채소예요. 하지만 아무리 오래 가는 양배추라도 언제 샀는지 기억이 나지 않아 급히 처리해야 할 때가 있습니다. 잔뜩 남은 양배추를 먹기 위해 이리저리 궁리하다 찾은 레시피 중 하나가 바로 양배추당면볶음이에요. 이것저것 재료를 많이 넣으면 더 풍성하게 먹을 수도 있지만 이번에는 제가 먹는 그대로 기본 양념 재료와 당면, 양배추만 넣은 레시피를 준비했어요.

재료

주재료 : 당면 50g, 양배추 1/4통, 대파 10cm

양념 : 식용유 2큰술, 다진 마늘 1/2큰술,
연두 1/2큰술, 간장 1/2큰술,
올리고당 1/2큰술, 참기름 약간, 통깨 약간,
후춧가루 약간

조리법

1. 당면은 미리 물에 담가두고, 양배추와 대파는 채 썰어 준비합니다.

2. 팬에 식용유를 두르고 다진 마늘을 약한 불에서 볶아주세요.

3. 양배추와 대파를 팬에 넣고 숨이 죽도록 3~5분 정도 볶아주세요.

4. 불려둔 당면을 끓는 물에 3분간 삶아 물을 버리고 팬으로 옮깁니다.

5. 연두와 간장, 올리고당을 넣고 양배추와 당면을 볶아주세요.

올리고당이 없으면 설탕으로 대체해도 좋아요.

6. 참기름과 통깨, 후춧가루를 뿌려 완성합니다.

후춧가루는 이 요리의 포인트입니다. 꼭 넣어주세요!

감자탕

2인분	난이도 ★★
1시간	냄비, 칼, 도마

듣는 것만으로도 마음이 들뜨는 그 이름 감자탕!
고춧가루와 들깨가루를 넉넉히 넣어 칼칼하면서 구수한 국물을 한 술 뜨고, 푹신하게 익은 커다란 감자를 쪼개 푹 익은 시래기에 싸서 먹다 보면 밥이 무한대로 들어가지요. **오늘 만들 감자탕은 감자가 주인공입니다.** 들깨의 푸근한 맛 덕분에 고기를 넣지 않아도 깊은 맛이 난답니다!

재료

주재료 : 감자 2개, 양파 1/4개, 대파 10cm 2대, 표고버섯 1개, 불린 무청 시래기 40g(불리기 전 20g), 깻잎 3장, 청양고추 1/2개, 들기름 2큰술

국물 재료 : 물 4컵, 다진 마늘 1큰술, 연두 1큰술, 된장 1큰술, 고추장 1큰술, 고춧가루 3큰술, 국간장 3큰술, 들깨가루 5큰술

조리법

1. 국물 재료는 한번에 다 섞어주세요!
   ★★ 이 국물 양념이 포인트예요! 한번에 섞어 끓이면 진짜 감자탕 맛이 난답니다.

2. 감자와 양파는 큼직하게 썰어주세요.

3. 대파는 반을 갈라 길게 썰고, 표고버섯은 굵게 채를 썰어요.

4. 물에 불린 무청은 먹기 좋게 썰어주세요.
   ★★ 요즘은 시판 통조림 시래기도 잘 나와 있어요.

5. 깻잎은 반으로 자르고, 청양고추는 송송 썰어요.

6. 냄비에 들기름을 두르고 무청 시래기를 볶아주세요.

7. 섞어둔 국물 재료를 넣고 풀어주세요.

8. 깻잎과 청양고추를 제외한 재료를 모두 넣고 감자가 다 익을 때까지 중약불에서 20분 정도 푹 끓여주세요.

9. 불을 끄기 직전에 깻잎과 청양고추를 넣어 마무리합니다.

채식떡볶이

2인분 | 난이도 ★
1시간 | 볼, 프라이팬, 칼, 도마

한국인의 소울 푸드 떡볶이. 떡볶이만큼 레시피가 다양하고 모두에게 사랑받는 음식이 또 있을까요? 가장 기본이 되는 고추장 떡볶이만 하더라도 떡부터 사리까지 모든 재료를 선택할 수 있는데다 소스의 맵기와 당도, 농도까지 마음대로! 게다가 떡볶이는 채식으로 만들기도 쉽기 때문에 채식을 갓 시작한 사람이라면 한동안 즐겨 먹게 될 거예요. 저는 **떡보다 채소가 많이 들어간 스타일**의 떡볶이를 좋아해 떡은 조금만 넣어요. 떡과 채소의 양은 취향에 따라 가감해주세요!

재료

주재료: 떡볶이떡 1줌, 양파 1/4개, 양배추 1/8통, 깻잎 3장, 새송이버섯 2개, 대파 10cm, 물 1 1/2컵

양념장: 고추장 2큰술, 진간장 1큰술, 연두 1큰술, 고춧가루 2큰술, 다진 마늘 1큰술, 설탕 2큰술

양념: 식용유 2큰술, 통깨 약간, 후춧가루 약간

조리법

1. 양념장 재료는 미리 섞어두세요.

2. 양파와 양배추, 깻잎은 큼직하게 썰어요.

3. 새송이버섯과 대파는 반을 갈라 길게 썰어요.

4. 팬에 식용유를 두르고 양배추와 양파, 대파를 먼저 볶아주세요.

5. 양념장과 떡, 물을 넣고 보글보글 끓여요.

6. 떡이 말랑말랑 잘 익으면 새송이버섯과 깻잎, 통깨와 후춧가루를 뿌려 완성합니다.

자요미의 **요리노트**

유부가 있으면 마지막에 넣고 양념이 배어들도록 고루 섞어요.
쫄기쫄기 정말 맛있답니다.

감바스 알 아히요

2인분 | 난이도 ⭐

30분 | 냄비, 칼, 도마

마늘과 올리브유의 조합은 무조건 성공이죠. 마늘 향가득한 올리브유에 겉은 바삭하고 속은 쫀득한 바게트를 찍어 먹으면 정말 끝도 없이 들어간답니다. 대학 새내기 때 친구 집에서 파자마 파티를 했는데, 한 냄비 가득 끓인 감바스를 보며 '이 많은 기름을 어떻게 다 먹나' 걱정했지만 빵에 찍어서 1차, 파스타 면을 넣어서 2차로 먹으니 냄비가 텅 비어버렸어요. **만들기는 쉽고 만족도는 높으니** 집들이 음식으로 딱 좋아요. 채소로만 만들어도 맛있지만 '감바스'가 스페인어로 새우를 의미하기 때문에 저는 비건 새우를 넣어보았어요.

재료

주재료: 비건 새우 1줌, 마늘 10쪽, 브로콜리 1줌, 방울토마토 3개

양념: 올리브유 1컵, 소금 1작은술, 후춧가루 약간

조리법

1. 마늘은 편으로 썰고, 브로콜리는 먹기 좋게 자르고, 방울토마토는 반으로 잘라주세요.

2. 냄비에 올리브유를 붓고 마늘을 넣어 약한 불에서 익힙니다.

   이때 취향에 따라 페페론치노를 넣어도 좋아요.

3. 냄비에서 마늘 향이 올라오면 비건 새우와 브로콜리, 방울토마토를 넣어 가볍게 익혀주세요.

   비건 새우 대신 미니 새송이버섯을 넣어도 좋아요.

4. 소금과 후춧가루로 간을 해 완성합니다.

자요미의 **요리노트**

감바스 알아히요를 적당히 먹은 냄비에 파스타 면을 삶아 넣고 면수 약간과 함께 끓이면 오일 파스타 완성입니다! 파스타를 먹을 때 시금치나 참나물 등 향긋한 잎채소를 넣으면 색다른 요리가 되어요.

버섯꿔바로우

2인분	난이도 ★★★
30분	튀김 냄비, 프라이팬, 칼, 도마

어떤 튀김옷을 선택하느냐에 따라 맛이 완전히 달라지니 튀김은 정말 재밌어요. 반죽이 푹신하고 소스를 잘 흡수하는 분식집 튀김, 찰기가 없고 겉에 빵가루를 발라 파삭거리는 일식 튀김이 있는가 하면 전분을 써서 빠작빠작 쫄깃한 중식 튀김도 있지요! 중국식 요리는 왠지 만들기 어려울 것 같지만 **쫄깃한 꿔바로우는 생각보다 어렵지 않아요.**

재료

주재료: 새송이버섯 1개, 튀김용 식용유 적당량

튀김옷: 감자 전분 5큰술, 찹쌀가루 1큰술, 물 1/3컵

소스: 진간장 2큰술, 식초 4큰술, 설탕 4큰술, 물 5큰술, 전분물(감자 전분 1큰술 + 물 1큰술)

조리법

1. 새송이버섯은 5mm 두께로 길게 썰어주세요.

2. 튀김옷 재료는 모두 섞어주세요.

3. 냄비에 식용유를 충분히 두르고 중불로 예열한 뒤 버섯에 튀김옷을 입혀 튀겨주세요.

★★
★ 중불에 한 번, 강불에 한 번 모두 두 번 튀기면 더 맛있는 꿔바로우를 만들 수 있어요.

4. 다른 팬에 진간장과 식초, 설탕, 물을 넣고 중불에 끓이면서 전분물을 조금씩 넣어 소스 농도를 맞춰주세요.

5. 튀긴 버섯을 소스 팬에서 휘리릭 볶아 완성합니다.

★★
★ 소스에 오래 볶으면 튀김이 눅눅해져요. 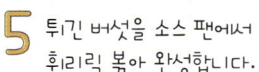 겉에 소스를 살짝 묻힌다는 생각으로 가볍게 볶아주세요.

Part 5

달콤한
비건 한 끼

저는 달콤한 음식을 아주 좋아해요. 하지만 시중에 파는 디저트는 칼로리도 높고 첨가물이 많이 들어가서 자주 먹기 부담스럽지요. 매일 하나씩 사 먹다 보면 지갑이 가벼워지는 것은 덤입니다. 게다가 비건 카페가 가까운 곳에 있지 않으면 비건 디저트는 구하는 것부터 보통 어려운 일이 아니에요. 제가 처음 채식을 시작했을 때에도 아이스크림, 케이크 등 유제품이 들어간 음식을 끊지 못해 고생했던 기억이 나요. 저처럼 밥보다 간식을 좋아하는 분들을 위해 마지막 파트는 디저트 메뉴들로 준비했어요. 신선한 과일로 만든 디저트는 식사 대용으로 먹어도 될 정도로 부담없고 건강하답니다!

곤약젤리

2인분	난이도 ★★
20분/냉장 2시간	 냄비, 거품기, 도마, 칼, 플라스틱 틀

일본 여행 간 사람들이 선물로 꼭 사 오는 간식 중 하나인 곤약젤리! 요즘엔 다이어트 간식으로도 사랑받고 있어요. 하지만 은근히 부담스러운 가격 때문에 저는 곤약젤리를 주로 집에서 만들어 먹어요. 곤약젤리를 만드는 것은 아주 쉽고 재밌습니다. 게다가 내가 원하는 맛을 자유롭게 조합해 만들 수 있으니 꼭 따라해보길 바라요.

재료

곤약 가루 1포, 코코넛 음료 600ml,
설탕 1큰술

탄산음료는 추천하지 않아요.

조리법

1 냄비에 음료를 붓고 뜨겁지 않게
   살짝 데워주세요.

   ★★ 음료가 차가우면 곤약 가루가
   풀리지 않고 따뜻하면 덩어리가 져요.
   차갑지 않을 정도로 살짝만 데워주세요.

2 곤약 가루와 설탕을 넣고
   잘 저어 섞습니다.

3 불을 중약불로 올리고 끓을 때까지
   계속 저어주세요.

4 끓기 시작하면 불을 끄고 틀에
   부어 식혀 완성합니다.

   ★★ 상온에서 한 김 식힌 뒤
   다시 냉장고에서 2시간 이상
   차갑게 완전히 식혀주세요.

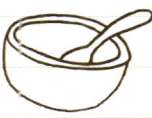

자요미의 요리노트 ✏️

완성된 젤리를 잘라 보관하면 음료가 점점 흘러나와요. 먹기 직전에 자르는 것을 추천합니다.

나이스크림

2인분	난이도 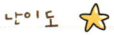
10분/냉동 6시간	 믹서, 칼, 도마

이름도 유쾌한 나이스크림은 얼린 바나나를 이용해 만든 아이스크림이에요. **은근히 든든하고 준비도, 설거지도 엄청 쉬워** 여름에 특히 자주 먹어요. 바나나는 언제 익을지, 언제 벌레가 꼬일지 몰라 부담스럽지요. 하지만 적당히 달콤하게 익었을 때 남은 바나나를 모두 얼려 보관하면 **두고두고 디저트로 먹을 수 있어요.** 이제 바나나 사는 것을 두려워하지 맙시다!

재료

바나나 1.5~2개, 두유 1/2컵

토핑 재료는 자유롭게 선택하세요.
카카오 파우더나 땅콩버터, 냉동 베리 등을 함께 넣고
갈아도 좋고, 견과류를 토핑으로 얹어도 좋아요.

조리법

1 바나나는 3cm 두께로 잘라 6시간 이상 냉동합니다.

2 믹서에 얼린 바나나와 두유를 넣고 덩어리가 남지 않게 갈아주세요.

3 그릇에 담고 토핑을 얹어 완성합니다.

자요미의 **요리노트** ✏️

두유 대신 두유 요거트를 사용하면 더 쫀쫀한 질감과 상큼한 맛을 즐길
수 있어요. 단, 요거트를 사용하면 초콜릿이나 땅콩버터 등 씁쓸하고 기름진 맛의 부재료는
어울리지 않으니 과일과 함께 즐겨주세요!

머그컵 브라우니

2인분	난이도
10분/냉동 6시간	 전자레인지, 볼, 거품기, 머그컵

 저는 초콜릿을 별로 좋아하지 않아요. 하지만 종종 다른 디저트가 아닌 초콜릿이 간절하게 먹고 싶은 날이 있어요. 몸이 무겁고 달콤한 것이 당길 때 **1인분을 5분 이내로 후다닥 만들어 먹기 딱 좋은** 전자레인지 브라우니! 저는 고소하고 짭짤한 맛을 위해 땅콩버터를 더해 만들어보았어요. 갓 만든 머그컵브라우니에 바닐라 아이스크림 한 스쿱 올리면 정말 완벽한 기분전환이 되어요.

재료

액체 재료 : 땅콩버터 1큰술, 식용유 1/2큰술, 두유 3큰술

가루 재료 : 박력분 3큰술, 메이플 시럽 혹은 설탕 2큰술,
코코아 파우더 2큰술, 베이킹파우더 1/2작은술,
소금 약간

조리법

1 볼에 가루 재료를 모두 담고 고루 섞어주세요.
★★
★ 밀가루는 아몬드 가루나 오트밀 가루로 변경해도 좋습니다.

2 가루 혼합물에 땅콩버터와 식용유, 두유를 넣고 잘 섞어 반죽을 완성합니다.
★★
땅콩버터가 없거나 땅콩버터를 싫어한다면 식용유 1/2큰술로 대체해주세요.

3 컵에 반죽을 옮겨 담은 뒤
★ 70초 돌려 완성합니다
★★
★ 전자레인지의 스펙에 따라
1분~1분 30초 정도면 적당히 익어요.

레몬소르베

2인분	난이도 ⭐
20분/냉동 24시간	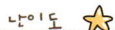 칼, 도마, 냄비, 플라스틱 틀

부드러운 아이스크림도 좋지만 **깔끔하고 상큼한 아이스크림**이 먹고 싶을 때도 있습니다. 저는 원래 땅콩버터나 치즈케이크처럼 묵직하고 쫀득하고 느끼한 아이스크림만 좋아했는데 해가 지날수록 가볍고 깔끔한 맛을 찾게 되는 것 같아요. 두유를 넣지 않아 식사 후 **가벼운 디저트가 되어줄 레몬소르베**를 만들어볼까요?

재료

레몬 2개, 설탕 6큰술, 물 1컵, 세척용 베이킹파우더 약간

조리법

1. 레몬은 베이킹파우더를 푼 물에 10분 이상 담가 깨끗하게 씻어 준비합니다.

2. 레몬 껍질의 노란 부분을 벗겨 따로 보관하고 과육은 짜서 즙을 냅니다.

3. 냄비에 설탕과 물, 레몬 껍질을 넣고 약한 불에서 끓여주세요.

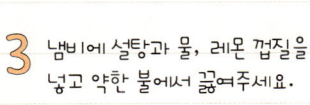

4. 레몬 껍질을 걸러낸 시럽에 레몬즙을 고루 섞고 유리 용기에 담아 30분~1시간 정도 냉동합니다.

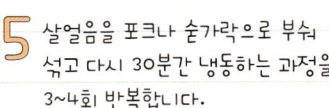

5. 살얼음을 포크나 숟가락으로 부숴 섞고 다시 30분간 냉동하는 과정을 3~4회 반복합니다.

6. 하룻밤 냉동해 완성합니다.

방울토마토 마리네이드

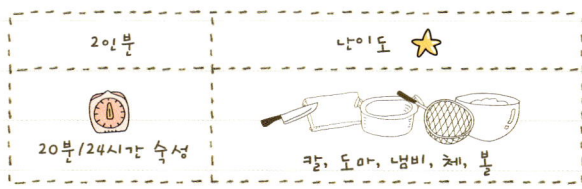

2인분

20분/24시간 숙성

난이도 ★

칼, 도마, 냄비, 체, 볼

방울토마토라는 이름은 누가 지었을까요? 미니 토마토, 아기 토마토라고 했으면 별 감흥이 없었을 텐데 방울토마토는 이름부터 너무 사랑스러워 괜히 일반 토마토보다 더 마음이 가는 것 같아요. 이 동글동글한 방울토마토를 살짝 데쳐 식초에 새콤하게 절이면 이름도 생김새도 맛도 귀여운 방울토마토 마리네이드가 됩니다. 방울토마토 마리네이드는 **식후에 가벼운 입가심**으로도, **여름밤 술안주**로도 딱 좋아 여름이면 냉장고에 꼭 한 병은 쟁여두어야 하는 음식이지요!

재료

주재료 : 방울토마토 30개, 양파 1/4개

소스 : 올리브유 2큰술,
발사믹 식초 2큰술, 설탕 2큰술,
말린 바질 1/2큰술, 소금 1작은술

조리법

1. 방울토마토는 십자로 칼집을 내고, 양파는 채 썰어 찬물에 10분간 담가 매운맛을 빼 준비합니다.

2. 끓는 물에 방울토마토를 데친 뒤 찬물에 헹구고 껍질을 벗겨 용기에 담아주세요.

3. 양파를 다져 용기에 넣고 소스 재료를 잘 섞어 부어주세요.

★★ 발사믹 식초 대신 일반 식초를 쓰고 레몬즙 1큰술을 추가해도 좋아요.

4. 냉장고에서 하룻밤 숙성시켜 완성합니다.

에필로그

종종 주변에서 '최근에 채식을 시작했는데 외식을 하려니 먹을 것이 없고, 요리를 하려니 너무 어렵고 힘들다'며 제게 조언을 구하곤 합니다. 저도 같은 문제로 고민한 경험이 있으니 그들의 고민이 남의 일 같지 않아요. 비거니즘에 관심을 갖는 분들이 많아지면서 비건 음식 레시피도 예전보다 쉽고 다양해지기는 했지만 1인 가구를 위한 비건 레시피는 여전히 부족합니다. 시간적으로도 공간적으로도 여유롭지 않은 분들께 도움이 되고 싶어 SNS에서 제 경험과 레시피를 공유했는데 예상했던 것보다 훨씬 많은 사랑을 받았어요.

갬바스 알 아히요_Part

이 책에 실린 레시피는 제가 그동안 시도해본 여러 가지 해외 비건 요리들과 채식하기 전부터 즐겨 먹던 음식들의 레시피를 참고해 비건 레시피로 각색한 것들이에요. 최대한 주변에서 구하기 쉬운 재료를 사용하고 과정을 간소화해 요리가 익숙지 않은 분들이 시도하기에 부담스럽지 않으면서도 요리의 즐거움을 느낄 수 있는 독특하고 재미있는 레시피로 고르고 골랐답니다.

감자수제비_Part 2

바나나 팬케이크 _Part 3

 채식을 하면서 가장 절실했던 것은 접근성 좋은 비건 식당도, 저렴한 비건 메뉴도 아닌 친구였습니다. 학교에서 유일한 '고기 안 먹는 애'가 되는 것은 외롭고 힘들지만 함께 비거니즘을 실천하며 서로 지지해주고 음식도 나눠 먹을 친구 한 명만 있어도 큰 힘이 되니까요. 세상의 모든 비건 지향인들을 응원하는 마음으로, 이제 막 채식에 관심이 생긴 분들과 첫 자취를 시작한 분들, 그리고 요리와 친하지 않은 분들께 저의 <비건 자취요리 노트>가 유쾌하고 다정한 친구가 되어드릴 수 있기를 바랍니다.

Thanks to

 여러 레시피의 영감을 주신, 항상 딸을 믿고 응원해주신 어머니와 아버지, 여러모로 어리고 부족한 저를 최선을 다해 이끌어주신 장은실 편집장님과 첫 레시피 북의 사진을 찍어주신 사진작가 GARA님, 짧지 않은 자취생활 동안 서로의 방을 오가며 가족처럼 동고동락한 친구 하선이와 든든한 마음의 지지대가 되어준 호연 언니, 그리고 1년간 룸메이트이자 말동무가 되어준 첫눈이에게 감사의 마음을 전합니다.

비건 자취요리 노트를 응원해주신 분들

215, B1NU, Cheesegj, DFcabbage, Firmament, Gustave Kateb, Henn, Hwy.b, JJH, JY, Jada, KimYun, Laura, PAF, Penna, P젼, R. 36716, ROROS, Rosinha, YD00Nyang, Yeo rang, el, happy, jamesmogenkimmerry, jhg3422, long, minzy, namuandyume, rkrk80, siu, solimoa, twelve, yami, ㄴㅈ, ㅎ_ㅎ, 가데니아, 가영이*, 감감희소식, 강다영, 강민경, 강민성, 강수인, 강신영, 강은비, 강은아, 강의영, 강정수, 강지예, 개님, 겨울달, 경식, 고냥, 고지수, 고지연, 고지현, 곤돌, 공순, 구본현, 구슬, 권믿음, 권선주, 권예은, 권자현, 굴솔, 그러니, 그만애서, 글리, 긍아기, 김경언, 김관옹, 김나은, 김둥니, 김매실, 김미정, 김미, 김민영, 김민주, 김밥, 김보경, 김서연, 김수연, 김선민, 김선형, 김소연, 김소연, 김수민, 김수정, 김수현, 김시원, 김아린, 김안나, 김영빈, 김예영, 김우경, 김우주, 김유림, 김유정, 김은지, 김은혜, 김은희, 김자윤, 김잔디, 김재связ, 김재원, 김재은, 김정은, 김정인, 김조지, 김지류, 김지은, 김지현, 김창식, 김채윤, 김태연, 김하랑, 김해선, 김현석, 김현정, 김현진, 김효현, 김희원, 까랑까랑, 꼬까루, 꼬희, 꿍, 나기, 나루, 나무, 나미, 나영, 나조은, 나초, 나혜진, 날뛰다, 남승연, 냔서찌, 노고운, 노루, 달쨈, 달키, 당이, 대추씨, 델리마토, 도도봉봉에서, 동우신, 동주, 두유짜이, 두은, 둠니, 등미등미, 디체, 딥플란, 딩기, 레시, 렐리시, 로나별, 류경원, 른오, 리에, 리엔, 마리애옹집사, 만두, 말글, 망팟의건강을위해, 매륜, 매운 스튜, 맬, 멜랑콩, 몰새, 몽몽, 문채희, 물결, 미래누나 지현, 미주, 민혜성, 밍쮸, 바라림, 박란영, 박서련, 박세린, 박소영, 박수빈, 박수연, 박시연, 박신영, 박윤미, 박지윤, 박태혜, 밤이누나, 배지우, 백시은, 백초희, 뱁새, 범나비, 베라노, 베르뱃, 보노, 보현, 복똘, 붕어빵파이, 비건좋아요, 비건몬스터, 비건비, 비건호호, 빵요정, 사랑초, 사랑해김재화, 사막여우의 삼시세끼, 사쿠라뮤츠, 삼냥맘, 새벽, 새지, 삼무, 서경, 서동인, 서주영, 서지민, 서지현, 성다은, 성윤서, 성지민, 성한아, 셈, 소둥한소미, 소매, 소피, 손미향, 솜이언니, 솜털, 송무난, 송우진, 송지영, 송지혜, 송현민, 수민, 수민수민수민, 수선집, 수현, 스리지에, 승재회, 시떼짱짱반반먼지, 시안 에이린, 시운, 신연수, 실ber, 안세정, 안유미, 애비, 양은영, 양은지, 어누, 어린, 여니화녕, 연사인, 연우야 연우야 모하니, 연주연주주, 영조, 예림이네, 예설씨, 예스마담예서정, 예지렁이, 오다예, 요천, 우롱차요정, 우승연, 우정, 원민주, 원뺑, 원추리, 월곡동불주먹, 웰비, 위스덤다덤, 윈쳐, 유강, 유과, 유눅, 유유정정, 유주희, 유진, 유진하, 유혜정, 윤경민, 윤단비, 윤두스쿠스, 윤소연, 윤윤, 유재, 윤지희, 율leaf, 은, 은파, 은하, 음소정, 이나래, 이나연, 이따금, 이레, 이삭천등, 이서연, 이선빈, 이소리, 이소빈, 이수희, 이시가키 마코트, 이엔, 이여진, 이연주, 이영숙, 이영은, 이윤지, 이재은, 이정순, 이지미, 이지민, 이지원, 이지현*, 이채원, 이플, 이하경, 이현수, 이현수, 이현지, 이혜진, 인짱, 임도전, 임서연, 임성희, 임은애, 임자냥, 임정호, 임하리, 자연친화적이고 싶은 세빈, 장미우롱, 장벗, 장보람, 장보민, 장수정, 장영주, 장이린, 장지원, 장한울, 장혜원, 잰, 적윌마녀, 전다솜, 전영, 정ඈ, 정김수연, 정다애, 정민경, 정선우, 정연, 정윤교, 정윤주, 정죠니, 정주희, 정하새, 정혜인, 정호연, 정효주, 정효진, 제이 조서희, 조성모, 조수지, 조슬기, 조연희, 조은성, 조조도 후원했소, 조현서, 종이비행기, 지나가던 트랜스젠더, 지순, 지은수, 징니, 쩡, 찌루, 채린, 채세진, 채식한끼, 채으닝, 채이, 체리, 초록나무, 초승달, 초식공룡, 최유진, 최호석, 쳔선(이레네), 치즈곰, 치타와노곡이, 캐리, 콩지, 태로, 토마, 페이라나, 펭귄토끼, 포코 A, 푸르푸, 푸른난초, 플루오르, 피아, 하게, 하노, 하롯비, 하린, 하얀호빵, 하지혜, 한송이, 한수진, 한윤경, 한지윤, 한혜원, 함윤정, 해미, 햇님, 헐크용식사랑해, 형찬, 혜빈, 홍다예, 홍이지, 황인성, 황하연, 효로르, 흑사빈, 흑호랑e, 희희희, 흰눈숲, 히망, 傍白